KB045229

일상생활에서 꼭 알아두어야 할
생 활 법 률

김용한 편저

법문북스

머 리 말

"권리위에 잠자는 자는 보호받지 못한다."라는 법률 격언이 말해 주듯이 모든 사람은 살아가는데 누구에게나 주어진 권리와 의무가 있다. 자기에게 주어진 권리나 의무를 알지 못해 손해를 보는 사례를 우리는 주위에서 많이 보고 또 듣고 있다. 이제는 법이 전문가들만이 알아야 되는 것이 아니라 누구나 상식적으로 배워둬야 할 때가 되었다. 일상생활을 행복하게 하라면 상식적인 기본법을 알고 지키도록 노력하는 것이 지혜로운 생활을 영위하는 방법이 되었다.

인간은 요람에서 무덤까지 사회생활을 하면서 법의 테두리 안에서 생활하고 있다. 즉 태어나면 출생신고를 해야 되고, 결혼하면 혼인신고를, 죽으면 사망신고와 그 자녀들은 상속절차를 밟아야 하는 등 모든 일생을 법의 속박 안에 생활하고 있다. 일상생활을 하면서 흔히 발생하는 분쟁을 미연에 방지하기 위해서 기본적인 법상식은 익혀둘 필요가 있으며, 법은 우리 모든 생활 속에 살아 숨 쉬고 있어 이를 간과해서는 큰 손해를 볼 수 있다.

이 책에서는 이와 같은 일상생활을 하면서 복잡하지만 상식적으로 꼭 알아야만 하는 주택임대차, 상가건물임대차, 내용증명, 반려동물, 이혼, 상속, 유언, 소액사건, 민사소송, 민사조정, 전자금융범죄, 성희롱, 스토킹 및 데이트폭력, 금전거래, 고소·고발, 인터넷 명예훼손,

학교폭력, 이사, 산재보험, 국가배상, 형사보상, 층간소음에 관한 법 상식들을 관련 서식과 함께 수록하여 누구나 쉽게 이해할 수 있도록 하였다. 이러한 자료들은 법제처의 찾기 쉬운 생활법령정보와 대한 법률구조공단의 법률서식 등을 참고하였으며, 이를 종합적으로 정리·분석하여 일목요연하게 편집하였다.

이 책이 일상생활을 하면서 법을 잘 몰라서 억울하게 피해를 보거나 민사소송에 대해 복잡한 절차를 이해하려고 하는 분들과 이들에게 도움과 조언을 하고자 하는 분들에게 큰 도움이 되리라 믿으며, 열악한 출판시장임에도 불구하고 흔쾌히 출간에 응해 주신 법문북스 김현호 대표에게 감사를 드린다.

2024.
편저자 드림

목 차

【상속에 대한 생활법률】

【유언에 대한 생활법률】

【소액사건 재판에 대한 생활법률】

【민사소송에 대한 생활법률】

【민사조정에 대한 생활법률】

【스토킹과 테이트 폭력에 대한 생활법률】

【금전거래에 대한 생활법률】

【고소 · 고발에 대한 생활법률】

【층간소음에 대한 생활법률】

▼주택임대차에 대한 생활법률▼

주거용 건물이면 무허가 건물이나 미등기 건물을 주거를 목적으로 임대차 하는 경우에도 주택임대차보호법이 적용된다. 다만, 무허가 건물이 철거되는 경우에는 보증금을 돌려받기 힘들어지므로 주의할 필요가 있다.

주택임대차보호법의 적용범위

■ 주택의 임대차

★ 주택임대차보호법은 주택, 즉 주거용 건물의 전부 또는 일부에
대해 임대차하는 경우에 적용되고, 그 임차주택의 일부를 주거
외의 목적으로 사용하는 경우에도 적용된다.

주거용 건물에 해당되는지 여부는 임대차 목적물의 공부상의 표
시만을 기준으로 하는 것은 아니고, 그 실제 용도에 따라서 합
목적적으로 판단한다. 예를 들어, 임차인의 점유부분 중 영업용
휴게실 설비로 예정된 홀 1칸이 있지만, 그 절반가량이 주거용
으로 쓰이는 방 2칸, 부엌 1칸, 화장실 1칸, 살림용 창고 1칸,
복도로 되어 있고, 그 홀마저 각방의 생활공간으로 쓰이고 있는
경우에는 주거용 건물로 주택임대차보호법이 적용된다. 그러나
여관의 방 하나를 내실로 사용하는 경우 등 비주거용 건물에 주
거의 목적으로 소부분을 사용하는 경우에는 주택임대차보호법의
보호대상에서 제외될 수도 있다.

★ "주거용 건물"여부의 판단 시기는 임대차계약을 체결하는 때를
기준으로 한다. 임대차계약 체결 당시에는 주거용 건물부분이 존
재하지 아니하였는데 임차인이 그 후 임의로 주거용으로 개조한
경우에는 주택임대차보호법의 적용대상이 되지 않는다.

★ 주거용 건물이면 무허가 건물이나 미등기 건물을 주거를 목적으
로 임대차 하는 경우에도 주택임대차보호법이 적용된다. 다만,
무허가 건물이 철거되는 경우에는 보증금을 돌려받기 힘들어지므

로 주의할 필요가 있다.

■ 미등기 전세
주택임대차보호법은 전세권등기를 하지 않은 전세계약(미등기 전세)에도 적용된다.

■ 민법에 따른 임대차 등기
주택임대차보호법은 주택에 대해 민법에 따라 임대차등기를 한 경우 주택의 임대차에 인정되는 대항력과 우선변제권에 관한 규정이 준용된다.

■ 주택임대차보호법의 적용 제외
일시 사용을 위한 임대차임이 명백한 경우에는 주택임대차보호법이 적용되지 않는다. 예를 들어, 숙박업을 경영하는 자가 투숙객과 체결하는 숙박계약은 일시 사용을 위한 임대차이므로 주택임대차보호법이 적용되지 않는다.

주택임대차보호법의 보호 대상

■ 자연인

주택임대차보호법은 자연인인 국민의 주거생활의 안정을 보장함을
목적으로 하기 때문에, 그 보호 대상은 원칙적으로 대한민국의 국적
을 가진 사람이다.

■ 외국인 및 재외동포

★ 주택임대차보호법의 보호 대상은 대한민국 국적을 가진 자연인이
 므로, 외국인은 원칙적으로 주택임대차보호법의 보호 대상이 될
 수 없다. 그러나 주택을 임차한 외국인이 전입신고에 준하는 체
 류지 변경신고를 했다면 예외적으로 주택임대차보호법의 보호 대
 상이 된다.

★ 재외동포가 장기체류하면서 주택을 임대차하는 때에는 주택임대
 차보호법의 보호대상이 된다. 이를 위해 재외동포는 국내에 거소
 를 정하여 출입국·외국인청의 장, 출입국·외국인사무소의 장, 출
 입국·외국인청 출장소의 장 또는 출입국·외국인사무소 출장소의
 장에게 신고를 하고, 국내거소가 변경되는 경우에는 새로운 거소
 를 관할하는 시·군·구(자치구가 아닌 구 포함) 또는 읍·면·동의 장
 이나 출입국·외국인청의 장, 출입국·외국인사무소의 장, 출입국·
 외국인청 출장소의 장 또는 출입국·외국인사무소 출장소의 장에
 게 14일 이내에 신고해야 한다.

 ※ "재외동포"란 ① 대한민국의 국민으로서 외국의 영주권을 취

득한 사람 또는 영주할 목적으로 외국에 거주하고 있는 사람(재외국민), ② 출생에 의하여 대한민국의 국적을 보유했던 사람(대한민국정부 수립 전에 국외로 이주한 동포 포함)으로서 외국국적을 취득한 사람 또는 ②에 해당하는 사람의 직계비속으로서 외국국적을 취득한 사람을 말한다.

■ 법인

★ 법인은 특별한 사정이 없는 한 주택임대차보호법의 보호를 받지 못한다. 법인이 주택임대차보호법의 보호를 받기 위해 주민등록을 자신의 명의로 할 수 없을 뿐만 아니라, 사원 명의의 주민등록으로 대항력을 갖추어도 이를 법인의 주민등록으로 인정할 수 없기 때문이다.

★ 예외적으로, 한국토지주택공사와 주택사업을 목적으로 설립된 지방공사는 주택임대차보호법의 보호대상이 된다.

★ 또한, 중소기업에 해당하는 법인이 소속 직원의 주거용으로 주택을 임차한 후 그 법인이 선정한 직원이 해당 주택을 인도받고 주민등록을 마쳤을 때에는 그 다음 날부터 제3자에 대하여 효력이 생긴다. 임대차가 끝나기 전에 그 직원이 변경된 경우에는 그 법인이 선정한 새로운 직원이 주택을 인도받고 주민등록을 마친 다음 날부터 제3자에 대하여 효력이 생긴다.

주택임대차 계약 전 확인사항

■ 계약 당사자 본인 확인

★ 임대차계약의 당사자는 임대인과 임차인이다. 임대인은 임대주택
의 소유자인 경우가 보통이나, 임대주택에 대한 처분권이 있거나
적법한 임대권한을 가진 사람도 임대인이 될 수 있다.

★ 주택의 소유자와 계약을 체결하는 경우에는 소유자의 주민등록증
으로 등기부상 소유자의 인적사항과 일치하는지를 확인해야 한다.

★ 주택 소유자의 대리인과 임대차계약을 체결하는 경우에는 위임장
과 인감증명서를 반드시 요구해야 한다.

■ 소유자

주택의 소유자와 계약을 체결하는 경우에는 소유자의 주민등록증으
로 등기부상 소유자의 인적사항과 일치하는지를 확인해야 한다.

■ 공동소유자

주택의 공동소유자 중 일부와 임대차계약을 체결하는 경우에는 공유
자 일부의 지분이 과반수 이상인지를 등기부의 갑구에 기재되어 있
는 공유자들의 소유권 지분으로 확인해야 한다. 이는 공유 주택의
임대행위는 공유물의 관리행위에 해당하고, 공유물의 관리에 관한
사항은 지분의 과반수로 결정하도록 하고 있기 때문이다.

■ 주택의 토지 및 건물 등기부 등본을 직접 떼어보고 확인

○ 표제부 : 임차주택이 맞는지 확인, 토지의 지분면적확인(가격감정)

○ 갑 구 : 소유자 이름과 주소확인, 가등기, 압류, 가압류등 확인

○ 을 구 : 지상권, 지역권, 전세권, 저당권, 임차권 등 확인

○ 가장 좋은 것은 소유권등기 외에 아무것도 물권등기가 없는 것임

○ 저당권이 설정된 경우는 경매가 실행될 경우를 가정하여 자기의 보증금 회수가 될 것인지 계산해볼 것(경매시 가격으로 판단)

○ 가처분, 가등기, 가압류, 압류, 예고등기 등은 계약을 하지 않는다. (이들 권리에게는 주택임대차가 대항력이 없음)

■ 토지이용계획 확인원을 떼어 볼 것

○ 도시계획상 철거대상 여부확인

○ 참고로 토지대장. 가옥대장도 확인(구청에서 발급)

○ 미등기·무허가의 주택을 임차하는 경우 대지 소유자를 찾아내어 주택의 세부내용을 파악할 것

■ 계약직전 확인사항

○ 임차주택의 사용부분(계약서상에 정확히 표시)

○ 계약의 개요

　- 계약금 및 잔금(필요시 중도금)의 금액 및 지급일정 (통상은 계약금 10%를 지불하고 나머지는 잔금으로 하며 잔금은 주택의 인도와 동시에 지불)

- 임대차 기간
○ 전 임차인의 퇴거일과 자기의 입주일
○ 전 임차인과의 관리비 등 제세공과금 처리문제
○ 시설상태 및 수리여부 확인(벽면 도배포함)
○ 구조변경 및 원상회복문제
○ 위약 및 계약해제사항(계약금의 성격 및 해약조건)
○ 기타 특약사항
○ 중개수수료 문제

주택임대차계약 시 유의사항

■ 계약시 유의사항

○ 계약서의 내용을 읽어보고 이상이 없으면 계약서에 기명·날인한다.

○ 기명·날인한 계약서를 1부 보관한다.

○ 계약금을 주고, 계약금 영수증을 받는다.

○ 잔금(필요시 중도금) 지급일의 시간을 우선 정하고 추후 시간이 변동되면 연락하기로 한다(집주인과 중개인의 연락처를 반드시 적어 놓을 것)

○ 중개업자에게 중개물건 확인서를 받고 중개수수료의 1/2을 지불한다.

■ 중도금 지급 시 알아 두어야 할 점

○ 중도금이 없는 계약은 잔금이 중도금 및 잔금으로 간주된다.

○ 중도금이 지급되면서 계약은 확정되었다고 볼 수 있다. (계약의 이행의 예 : 중도금의 지급, 임대주택을 비우는 일 등)

○ 중도금 혹은 잔금이 지급되기 전까지는 임차인은 계약금을 포기하고 임대인은 배액을 변상하고 임대차계약을 해제할 수 있는데 이 때에는 상대방에게 손해배상을 해주지 않아도 된다.

■ 잔금처리

계약시 등기부 확인을 하였더라도

○ 전세 계약의 잔금을 지급하는 날 혹은 이사하는 날은 등기부상의 내용이 계약 시와 변동이 없는지 확실히 확인한 후

○ 잔금을 지불하고 영수증을 받는다. 또한 동시에 주택에 대한 키를 받는다(주택의 시설상태 여부도 확인).

○ 종전 임차인과(혹은 집주인) 관리비 등 제공과금을 처리한다.

○ 중개수수료의 1/2을 지불한다.

■ 임대차 대항력 구비 조치

주택임대차보호법의 적용을 받기 위한 대항력 구비요건을 신속하게 준비할 것

○ 잔금지급 즉시 주민등록 전입신고를 마친다.

○ 동시에 임대차 계약서상에 확정일자를 부여받는다(공증사무실, 법원, 읍·면·동사무소)

○ 주민등록신고는 가족전원이 아니더라도 일부만 하여도 상관없다.

○ 집주인이 전세권이나 임차권의 등기를 해주면 즉시 등기를 하는 것이 유리하다.

○ 임차인의 지위등급(등급이 높을수록 임차인이 유리하다)

○ 임차권을 등기하면 제3자에 대한 대항력만 있으므로 이 경우 주택이 매매 혹은 경매되어도 상관없이 사용·수익할 수 있다(우선변제권은 없음).

■ 부동산임대차계약서의 예

부동산임대차계약서

☐ 전 세 ☐ 월 세

임대인과 임차인 쌍방은 아래 표시 부동산에 관하여 다음 계약내용과 같이 임대차계약을 체결한다.

1. 부동산의 표시

소 재 지					
토 지	지 목		면 적		㎡
건 물	구조·용도		면 적		㎡
임대할부분			면 적		㎡

2. 계약내용

제 1 조 (목적) 위 부동산의 임대차에 한하여 임대인과 임차인은 합의에 의하여 임차보증금 및 차임을 아래와 같이 지불하기로 한다.

보 증 금	금		원정 (₩	)
계 약 금	금		원정은 계약시 지불하고 영수함 영수자 (인)	
중 도 금	금		원정은 년 월 일에 지불하며	
잔 금	금		원정은 년 월 일에 지불한다.	
차 임	금		원정은 (선불로·후불로)매 월 일에 지불한다.	

제 2조 (존속기간) 임대인은 위 부동산을 임대차 목적대로 사용·수익할 수 있는 상태로 ____년 ____월 ____일까지 임차인에게 인도하며, 임대차 기간은 인도일로부터 ____년 ____월 ____일까지로 한다.

제 3조 (용도변경 및 전대 등) 임차인은 임대인의 동의없이 위 부동산의 용도나 구조를 변경하거나 전대, 임차권 양도 또는 담보제공을 하지 못하며 임대차 목적 이외의 용도로 사용할 수 없다.

제 4조 (계약의 해지) 임차인의 차임연체액이 2기의 차임액에 달하거나 제3조를 위반하였을 때 임대인은 즉시 본 계약을 해지할 수 있다.

제 5조 (계약의 종료) 임대차계약이 종료된 경우에 임차인은 위 부동산을 원상으로 회복하여 임대인에게 반환한다. 이러한 경우 임대인은 보증금을 임차인에게 반환하고, 연체 임대료 또는 손해배상금이 있을 때는 이를을 제하고 그 잔액을 반환한다.

제 6조 (계약의 해제) 임차인이 임대인에게 중도금(중도금이 없을 때는 잔금)을 지불하기 전까지, 임대인은 계약금의 배액을 상환하고, 임차인은 계약금을 포기하고 이 계약을 해제할 수 있다.

제 7조 (채무불이행과 손해배상) 임대인 또는 임차인이 본 계약상의 내용에 대하여 불이행이 있을 경우 그 상대방은 불이행한 자에 대하여 서면으로 최고하고 계약을 해제 할 수 있다. 그리고 계약 당사자는 계약해제에 따른 손해배상을 각각 상대방에 대하여 청구할 수 있다.

특약사항
_____
_____
_____
_____

본 계약을 증명하기 위하여 계약 당사자가 이의 없음을 확인하고 각각 서명·날인 후 임대인, 임차인 및 공인중개사는 매장마다 간인하여야 하며, 각각 1통씩 보관한다.

년 월 일

임	주 소							
대	주민번호			전 화		성명		인
인	대 리 인	주소		주민번호		성명		
임	주 소							
차	주민번호			전 화		성명		인
인	대 리 인	주소		주민번호		성명		
공	소 재 지							
개	허가번호			전 화				
인	상 호					대표		인

주택임대차계약의 종료 원인

■ 임대차 기간의 만료

★ 임대차는 임대차 기간의 정함이 있는 경우에는 그 기간의 만료로 종료된다.

★ 물론, 임대차 기간의 정함이 있는 경우에도 해지권 유보의 특약을 한 경우, 임차인이 파산선고를 받은 경우 등 해지사유가 있는 경우에는 계약해지의 통고로써 임대차계약을 중도에 해지할 수 있다.

★ 임대인이 임대차기간이 끝나기 6개월 전부터 2개월 전까지의 기간에 임차인에게 갱신거절의 통지를 하거나, 계약조건을 변경하지 않으면 갱신하지 않는다는 뜻의 통지를 한 경우에는 임대차 기간이 끝난 때에 종료한다.

■ 계약해지의 통고

★ 임차인은 임대차계약이 묵시적으로 갱신된 경우에는 언제든지 그 계약을 해지할 수 있으며, 이 경우 임차인이 계약해지를 통지하는 경우에는 임대인이 그 통지를 받은 날부터 3개월이 지나면 임대차는 종료된다.

★ 임차인 또는 임대인은 임대차계약을 체결하면서 그 계약서에 예를 들어 "전근, 취학 등 부득이한 사유가 생기면 임차인이 통보한 날부터 1개월 후에 계약이 해지된 것으로 본다"라는

해지권 유보의 특약을 약정한 경우에는 임대차 기간의 약정
이 있는 경우에도 그 부득이한 사유를 증명하고 중도에 임대
차계약을 해지할 수 있으며, 이 경우 임대인이 해지통고를 받
은 날부터 1개월이 지나면 임대차는 해지된다.

■ 즉시 해지

임대차 기간의 약정이 있더라도 다음과 같은 해지 사유가 있는 경우
에는 임대차계약을 중도에 해지할 수 있습니다. 이 경우에는 해지의
의사표시가 상대방에게 도달한 때에 임대차는 종료된다.

★ 임차인이 해지할 수 있는 경우
- 임대인이 임차인의 의사에 반하여 보존행위를 하는 경우 임차
  인이 이로 인해 임차의 목적을 달성할 수 없는 때
- 임차주택의 일부가 임차인의 과실 없이 멸실 그 밖의 사유로
  사용·수익할 수 없는 경우 그 잔존부분으로 임차의 목적을 달
  성할 수 없는 때
- 임대인의 지위가 양도된 경우

★ 임대인이 해지할 수 있는 경우
- 임차인이 임대인의 동의 없이 임차권을 양도하거나 임차주택을
  전대한 경우
- 임차인이 차임을 2회 이상 연체한 경우
- 임차인이 임차주택을 계약 또는 그 주택의 성질에 따라 정하
  여진 용법으로 이를 사용, 수익하지 않은 경우
- 그 밖에 임차인으로서의 의무를 현저히 위반한 경우

▼상가건물임대차에 대한 생활법률▼

상가건물 임대차보호법이 보호하는 임차목적물은 사업자등록의 대상이 되는 상가건물에 적용되고, 임대차 목적물의 주된 부분을 영업용으로 사용하는 경우에도 적용된다. 따라서, 사업자등록을 할 수 없는 동창회 사무실, 종교단체 사무실, 자선단체 사무실 등과 같은 비영리단체의 건물임대차에는 상가건물 임대차보호법이 적용되지 않는다.

상가건물임대차계약법의 적용 대상

■ 사업자등록 대상 상가건물

★ 상가건물 임대차보호법이 보호하는 임차목적물은 사업자등록의 대상이 되는 상가건물에 적용되고, 임대차 목적물의 주된 부분을 영업용으로 사용하는 경우에도 적용된다. 따라서, 사업자등록을 할 수 없는 동창회 사무실, 종교단체 사무실, 자선단체 사무실 등과 같은 비영리단체의 건물임대차에는 상가건물 임대차보호법이 적용되지 않는다.

★ 상가건물에 해당되는지 여부는 건물의 위치, 구조, 객관적 용도, 실제이용관계 등을 고려하여 합목적적으로 판단된다.

■ 지역별로 정해진 보증금의 일정 기준금액 이하인 상가건물 임대차

★ 모든 상가건물 임대차에 적용되는 것은 아니고, 지역별로 일정 보증금 이하의 상가건물 임대차에만 적용된다.

★ 상가건물 임대차보호법은 상가건물을 지역별로 정해진 보증금 이하로 임차하는 경우에 적용되는 것으로, 지역별 보증금의 범위는 아래와 같다.

- 서울특별시 : 9억원 이하
- 수도권정비계획법에 따른 과밀억제권역(서울특별시 제외) 및 부산광역시 : 6억9천만원 이하
※ 과밀억제권역에 해당되는 지역은 인천광역시(강화군, 옹진군, 서구 대곡동·불노동·마전동·금곡동·오류동·왕길동·당하동·원당동, 인

천경제자유구역 및 남동 국가 산업단지는 제외), 의정부시, 구리시, 남양주시(호평동·평내동·금곡동·일패동·이패동·삼패동·가운동·수석동·지금동 및 도농동에 한함), 하남시, 고양시, 수원시, 성남시, 안양시, 부천시, 광명시, 과천시, 의왕시, 군포시, 시흥시(반월특수지역을 제외)이다.

- 광역시(「수도권정비계획법」에 따른 과밀억제권역에 포함된 지역과 군지역, 부산광역시는 제외), 세종특별자치시, 파주시, 화성시, 안산시, 용인시, 김포시 및 광주시 : 5억4천만원 이하
- 그 밖의 지역 : 3억7천만원 이하

★ 보증금 이외에 차임이 있는 경우에는 월 단위의 차임액에 100을 곱하여 보증금과 합산한 금액이 임차보증금이다. 예를 들면, 서울특별시에 소재하는 상가건물에 대해 보증금 5,000만원, 차임 50만원을 매월 지급하기로 약정한 경우에는, 보증금은 1억{(50만원 × 100) + 5,000만원 = 1억원}이 된다.

■ 상가건물에 대한 미등기 전세

상가건물에 대해 등기를 하지 않은 전세계약에도 상가건물 임대차보호법이 적용된다.

■ 상가건물 임대차보호법의 적용 제외

★ 지역별 기준 금액 이상의 고액 보증금인 경우

지역별 기준 금액 이상의 고액 보증금을 초과하는 상가건물을 임차한 경우에는 이 법에 따른 보호를 받을 수 없다. 예를 들어 서울지역의 경우에는 9억원을 초과하는 보증금으로 상가건물을 임

대차하는 경우에는 상가건물 임대차보호법이 적용되지 않습니다.

★ 일시사용을 위한 상가건물 임대차

일시사용을 위한 상가건물 임대차임이 명백한 경우에는 상가건물 임대차보호법이 적용되지 않는다.

상가건물임대차계약서의 작성과 확인사항

■ 상가건물 임대차 계약서

★ 법무부에서는 국토교통부와 협의를 거쳐 보증금, 차임액, 임대차 기간, 수선비 분담 등의 내용이 기재된 상가건물임대차표준계약 서를 정하여 그 사용을 권장하고 있다.

★ 상가건물 임대차 표준계약서에는 다음의 사항이 기재된다.
   - 거래당사자의 인적 사항
   - 임차 상가건물의 표시
   - 보증금과 차임
   - 임대차기간
   - 임차목적
   - 사용·관리·수선
   - 계약의 해제
   - 채무불이행과 손해배상
   - 계약의 해지
   - 계약의 종료와 권리금회수기회 보호
   - 재건축 등 계획과 갱신거절
   - 비용의 정산
   - 중개보수 등
   - 중개대상물 확인·설명서 교부
   - 특약사항 등

■ 상가건물 임대차 표준계약서

> 이 계약서는 법무부에서 국토교통부·서울시·중소기업청 및 학계 전문가와 함께 민법, 상가건물 임대차보호법, 공인중개사법 등 관계법령에 근거하여 만들었습니다. **법의 보호를 받기 위해【중요확인사항】(별지)을 꼭 확인하시기 바랍니다.**

상가건물 임대차 표준계약서

> 임대인(이름 또는 법인명 기재)과 임차인(이름 또는 법인명 기재)은 아래와 같이 임대차 계약을 체결한다.

[임차 상가건물의 표시]

소재지				
토 지	지목		면적	㎡
건 물	구조·용도		면적	㎡
임차할부분			면적	㎡
유의사항 : 임차할 부분을 특정하기 위해서 도면을 첨부하는 것이 좋습니다.				

[계약내용]

제1조(보증금과 차임) 위 상가건물의 임대차에 관하여 임대인과 임차인은 합의에 의하여 보증금 및 차임을 아래와 같이 지급하기로 한다.

보 증 금	금 원정(₩)
계 약 금	금 원정(₩)은 계약시에 지급하고 수령함. 수령인 (인)
중 도 금	금 원정(₩)은 ___년 __월 __일에 지급하며

잔 금	금 　　　원정(₩　　　)은 ＿＿＿년 ＿＿월 ＿＿일에 지급한다
차임(월세)	금 　　　원정(₩　　　)은 매월 　　일에 지급한다. 부가세 □ 불포함 　□ 포함 (입금계좌: 　　　　　　　　　　　　)
환산보증금	금 　　　　　　원정(₩　　　　　　　)

유의사항 : ① 당해 계약이 환산보증금을 초과하는 임대차인 경우 확정
일자를 부여받을 수 없고, 전세권 등을 설정할 수 있습니다
② 보증금 보호를 위해 등기사항증명서, 미납국세, 상가건물 확
정일자 현황 등을 확인하는 것이 좋습니다 ※ 미납국세·선순
위확정일자 현황 확인방법은 "별지"참조

제2조(임대차기간) 임대인은 임차 상가건물을 임대차 목적대로 사용·
수익할 수 있는 상태로 ＿＿＿＿＿＿＿년 ＿＿＿＿월 ＿＿＿＿＿＿일까지 임차인
에게 인도하고, 임대차기간은 인도일로부터 ＿＿＿＿＿＿＿＿＿＿＿＿＿년
월 ＿＿＿＿＿＿＿일까지로 한다.

제3조(임차목적) 임차인은 임차 상가건물을 　＿＿＿＿＿＿＿＿(업종)을
위한 용도로 사용한다.

제4조(사용·관리·수선) ① 임차인은 임대인의 동의 없이 임차 상
가건물의 구조.용도 변경 및 전대나 임차권 양도를 할 수 없다.
② 임대인은 계약 존속 중 임차 상가건물을 사용·수익에 필요한
상태로 유지하여야 하고, 임차인은 임대인이 임차 상가건물의
보존에 필요한 행위를 하는 때 이를 거절하지 못한다.
③ 임차인이 임대인의 부담에 속하는 수선비용을 지출한 때에
는 임대인에게 그 상환을 청구할 수 있다.

제5조(계약의 해제) 임차인이 임대인에게 중도금(중도금이 없을 때
는 잔금)을 지급하기 전까지, 임대인은 계약금의 배액을 상환하고,
임차인은 계약금을 포기하고 계약을 해제할 수 있다.

제6조(채무불이행과 손해배상) 당사자 일방이 채무를 이행하지
아니하는 때에는 상대방은 상당한 기간을 정하여 그 이행을

최고하고 계약을 해제할 수 있으며, 그로 인한 손해배상을 청구할 수 있다. 다만, 채무자가 미리 이행하지 아니할 의사를 표시한 경우의 계약해제는 최고를 요하지 아니한다.

제7조(계약의 해지) ① 임차인은 본인의 과실 없이 임차 상가건물의 일부가 멸실 기타 사유로 인하여 임대차의 목적대로 사용, 수익할 수 없는 때에는 임차인은 그 부분의 비율에 의한 차임의 감액을 청구할 수 있다. 이 경우에 그 잔존부분만으로 임차의 목적을 달성할 수 없는 때에는 임차인은 계약을 해지할 수 있다.

② 임대인은 임차인이 3기의 차임액에 달하도록 차임을 연체하거나, 제4조 제1항을 위반한 경우 계약을 해지할 수 있다.

제8조(계약의 종료와 권리금회수기회 보호) ① 계약이 종료된 경우에 임차인은 임차 상가건물을 원상회복하여 임대인에게 반환하고, 이와 동시에 임대인은 보증금을 임차인에게 반환하여야 한다.

② 임대인은 임대차기간이 끝나기 3개월 전부터 임대차 종료 시까지 「상가건물임대차보호법」 제10조의4제1항 각 호의 어느 하나에 해당하는 행위를 함으로써 권리금 계약에 따라 임차인이 주선한 신규임차인이 되려는 자로부터 권리금을 지급받는 것을 방해하여서는 아니 된다. 다만, 「상가건물임대차보호법」 제10조 제1항 각 호의 어느 하나에 해당하는 사유가 있는 경우에는 그러하지 아니하다.

③ 임대인이 제2항을 위반하여 임차인에게 손해를 발생하게 한 때에는 그 손해를 배상할 책임이 있다. 이 경우 그 손해배상액은 신규임차인이 임차인에게 지급하기로 한 권리금과 임대차 종료 당시의 권리금 중 낮은 금액을 넘지 못한다.

④ 임차인은 임대인에게 신규임차인이 되려는 자의 보증금 및 차임을 지급할 자력 또는 그 밖에 임차인으로서의 의무를 이행할 의사 및 능력에 관하여 자신이 알고 있는 정보를 제공하여야 한다.

제9조(재건축 등 계획과 갱신거절) 임대인이 계약 체결 당시 공사시기 및 소요기간 등을 포함한 철거 또는 재건축 계획을 임차인에게 구체적으로 고지하고 그 계획에 따르는 경우, 임대인은 임차인이 상가건물임대차보호법 제10조 제1항 제7호에 따라 계약갱신을 요구하더라도 계약갱신의 요구를 거절할 수 있다.

제10조(비용의 정산) ① 임차인은 계약이 종료된 경우 공과금과 관리비를 정산하여야 한다.

② 임차인은 이미 납부한 관리비 중 장기수선충당금을 소유자에게 반환 청구할 수 있다. 다만, 임차 상가건물에 관한 장기수선충당금을 정산하는 주체가 소유자가 아닌 경우에는 그 자에게 청구할 수 있다.

제11조(중개보수 등) 중개보수는 거래 가액의 _____% 인 _____원(부가세 □ 불포함   □ 포함)으로 임대인과 임차인이 각각 부담한다. 다만, 개업공인중개사의 고의 또는 과실로 인하여 중개의뢰인간의 거래행위가 무효·취소 또는 해제된 경우에는 그러하지 아니하다.

제12조(중개대상물 확인 . 설명서 교부) 개업공인중개사는 중개대상물 확인.설명서를 작성하고 업무보증관계증서(공제증서 등) 사본을 첨부하여 임대인과 임차인에게 각각 교부한다.

[특약사항]
① 입주전 수리 및 개량, ②임대차기간 중 수리 및 개량, ③임차 상가건물 인테리어, ④ 관리비의 지급주체, 시기 및 범위, ⑤ 귀책사유 있는 채무불이행 시 손해배상액예정 등에 관하여 임대인과 임차인은 특약할 수 있습니다.

본 계약을 증명하기 위하여 계약 당사자가 이의 없음을 확인하고 각각 서명.날인 후 임대인, 임차인, 개업공인중개사는 매 장마다 간인하여, 각각 1통씩 보관한다.

년   월   일

	주　　소							서명
임대인	주민등록번호 (법인등록 번호)			전화		성　명 (회사명)		또는 날인 ㊞
	대 리 인	주소		주민등록 번호		성　명		
임차인	주　　소							서명
	주민등록번호 (법인등록 번호)			전화		성　명 (회사명)		또는 날인 ㊞
	대 리 인	주소		주민등록 번호		성　명		
개업공인중개사	사무소소재지			사무소소재지				
	사 무 소 명 칭			사 무 소 명 칭				
	대　　표	서명 및 날인	㊞	대　　표	서명 및 날인		㊞	
	등 록 번 호		전화	등 록 번 호		전화		
	소속공인 중개사	서명 및 날인	㊞	소속공인 중개사	서명 및 날인		㊞	

(별지)

법의 보호를 받기 위한 중요사항! 반드시 확인하세요.

■ 계약 체결 시 꼭 확인하세요 ■

【당사자 확인 / 권리순위관계 확인 / 중개대상물 확인.설명서 확인】

① 신분증·등기사항증명서 등을 통해 당사자 본인이 맞는지, 적법한 임대 . 임차권한이 있는지 확인합니다.

② 대리인과 계약 체결 시 위임장·대리인 신분증을 확인하고, 임대인(또는 임차인)과 직접 통화하여 확인하여야 하며, 보증금은 가급적 임대인 명의 계좌로 직접 송금합니다.

③ **중개대상물 확인.설명서**에 누락된 것은 없는지, 그 내용은 어떤지 꼼꼼히 확인하고 서명하여야 합니다.

【대항력 및 우선변제권 확보】

① 임차인이 **상가건물의 인도와 사업자등록**을 마친 때에는 그 다음날부터 제3자에게 임차권을 주장할 수 있고, 환산보증금을 초과하지 않는 임대차의 경우 계약서에 **확정일자**까지 받으면, 후순위권리자나 그 밖의 채권자에 우선하여 변제받을 수 있습니다.

※ 임차인은 최대한 신속히 ① 사업자등록과 ② 확정일자를 받아야 하고, 상가건물의 점유와 사업자등록은 임대차 기간 중 계속 유지하고 있어야 합니다.

② **미납국세와 확정일자 현황**은 임대인의 동의를 받아 임차인이 관할 세무서에서 확인할 수 있습니다.

■ 계약기간 중 꼭 확인하세요 ■

【계약갱신요구】

① 임차인이 임대차기간이 만료되기 6개월 전부터 1개월 전까지 사이에 계약갱신을 요구할 경우 임대인은 정당한 사유(3기의 차임액 연체 등, 상가건물 임대차보호법 제10조제1항 참조) 없이 거절하지 못합니다.

② 임차인의 계약갱신요구권은 최초의 임대차기간을 포함한 전체 임대차기간이 5년을 초과하지 아니하는 범위에서만 행사할 수 있습니다.

③ 갱신되는 임대차는 전 임대차와 동일한 조건으로 다시 계약된 것으로 봅니다. 다만, 차임과 보증금은 청구당시의 차임 또는 보증금의 100분의 9의 금액을 초과하지 아니하는 범위에서 증감할 수 있습니다.

※ 환산보증금을 초과하는 임대차의 계약갱신의 경우 상가건물에 관한 조세, 공과금, 주변 상가건물의 차임 및 보증금, 그 밖의 부담이나 경제사정의 변동 등을 고려하여 차임과 보증금의 증감을 청구할 수 있습니다.

【묵시적 갱신 등】

① 임대인이 임대차기간이 만료되기 6개월 전부터 1개월 전까지 사이에 임차인에게 갱신 거절의 통지 또는 조건 변경의 통지를 하지 않으면 종전 임대차와 동일한 조건으로 자동갱신됩니다.

※ 환산보증금을 초과하는 임대차의 경우 임대차기간이 만료한 후 임차인이 임차물의 사용, 수익을 계속하는 경우에 임대인이 상당한 기간내에 이의를 하지 아니한 때에는 종전 임대차와 동일한 조건으로 자동 갱신됩니다. 다만, 당사자는 언제든지 해지통고가 가능합니다.

② 제1항에 따라 갱신된 임대차의 존속기간은 1년입니다. 이 경우, 임차인은 언제든지 계약을 해지할 수 있지만 임대인은 계약서 제8조의 사유 또는 임차인과의 합의가 있어야 계약을 해지할 수 있습니다.

■ 계약종료 시 꼭 확인하세요 ■

【보증금액 변경시 확정일자 날인】

계약기간 중 보증금을 증액하거나, 재계약을 하면서 보증금을 증액한 경우에는 증액된 보증금액에 대한 우선변제권을 확보하기 위하여 반드시 **다시 확정일자**를 받아야 합니다.

【임차권등기명령 신청】

임대차가 종료된 후에도 보증금이 반환되지 아니한 경우 임차인은 임대인의 동의 없이 임차건물 소재지 관할 법원에서 임차권등기명령을 받아, **등기부에 등재된 것을 확인하고 이사**해야 우선변제 순위를 유지할 수 있습니다. 이때, 임차인은 임차권등기명령 관련 비용을 임대인에게 청구할 수 있습니다.

【임대인의 권리금 회수방해금지】

임차인이 신규임차인으로부터 권리금을 지급받는 것을 임대인이 방해하는 것으로 금지되는 행위는 ① 임차인이 주선한 신규임차인이 되려는 자에게 권리금을 요구하거나, 임차인이 주선한 신규임차인이 되려는 자로부터 권리금을 수수하는 행위, ② 임차인이 주선한 신규임차인이 되려는 자로 하여금 임차인에게 권리금을 지급하지 못하게 하는 행위, ③ 임차인이 주선한 신규임차인이 되려는 자에게 상가건물에 관한 조세, 공과금, 주변 상가건물의 차임 및 보증금, 그 밖의 부담에 따른 금액에 비추어 현저히 고액의 차임 또는 보증금을 요구하는 행위, ④ 그 밖에 정당한 이유 없이 임차인이 주선한 신규임차인이 되려는 자와 임대차계약의 체결을 거절하는 행위입니다.

임대인이 임차인이 주선한 신규임차인과 임대차계약의 체결을 거절할 수 있는 정당한 이유로는 예를 들어 ① 신규임차인이 되려는 자가 보증금 또는 차임을 지급할 자력이 없는 경우, ② 신규임차인이 되려는 자가 임차인으로서의 의무를 위반할 우려가 있거나, 그 밖에 임대차를 유지하기 어려운 상당한 사유가 있는 경우, ③ 임대차목적물인 상가건물을 1년 6개월 이상 영리목적으로 사용하지 않는 경우, ④ 임대인이 선택한 신규임차인이 임차인과 권리금 계약을 체결하고 그 권리금을 지급한 경우입니다.

상가건물임대차계약서의 주요내용

■ 계약당사자의 인적사항

임대차계약서에 계약 당사자를 표시하는 것은 그 계약에 따른 권리자 및 의무자를 특정하기 위한 것이다. 계약 당사자의 동일성을 인식할 수 있고, 필요한 경우 상호 연락이 가능하도록 그 이름과 주소, 주민등록번호, 전화번호 등을 기재하면 된다.

■ 거래금액 및 지급일자

상가건물의 임대차계약을 체결하면서 지급하는 거래금액은 보통 계약금, 중도금, 잔금으로 나누어 지급하거나, 중도금 없이 잔금을 지급하게 된다. 계약금은 전체 보증금의 10%를 계약할 때 지급하고, 잔금은 임차상가건물에 입주하는 날에 지급하는 것으로 기재하는 것이 일반적이다.

■ 임대차의 존속기간

★ 상가건물 임대차보호법은 임대차 기간의 약정이 없거나 1년 미만으로 정한 경우에는 임차인의 보호를 위해 그 기간을 최저 1년으로 보장하면서, 임차인은 1년 미만으로 정한 임대차 기간이 유효하다고 주장할 수 있도록 하고 있다.

★ 따라서, 임대차 기간을 반드시 1년으로 기재할 필요는 없고, 임차인의 형편에 맞추어 1년 미만으로 약정할 수도 있다. 즉, 임대차 기간을 1년 미만으로 정한 경우에도 임차인으로서는 1년의 임대차 기간을 주장할 수도 있고, 약정한 임대차 기간을 주장할 수도 있다.

■ 임차인의 권리금 회수 보호 및 손해배상 명시

임대인은 임차인의 권리금 회수를 방해해서는 안 되며, 이를 위반하여 임차인에게 손해가 발생한 경우에는 그 손해를 배상할 책임이 있다.

■ 차임 연체 시 계약의 해지

임대인은 임차인이 3기의 차임액에 해당하는 금액을 연체하는 경우 계약을 해지할 수 있다.

■ 임대인의 임대차 갱신 거절의 사유 제한

임대인은 임대차계약 체결 당시 철거·재건축 계획을 임차인에게 구체적으로 고지하였거나, 건물 노후 등으로 안전사고의 우려가 있는 경우, 다른 법령에 따른 경우에만 철거·재건축을 이유로 임차인의 계약갱신을 거절할 수 있다.

■ 비용의 정산

임차인이 임대인의 부담에 속하는 수선비용을 지출한 경우에는 임대인에게 그 상환을 청구할 수 있고, 임차인은 임대차계약이 종료된 경우 공과금과 관리비를 정산하여야 하며 소유자에게 이미 납부한 관리비 중 장기수선충당금의 반환을 청구할 수 있도록 하였다.

상가건물임대차의 종료원인

■ 임대차 기간의 만료

★ 임대차기간의 약정이 있는 임대차의 경우 계약기간이 종료하면 임대차는 종료된다. 기간의 약정이 있는 임대차의 경우 묵시의 갱신이 되는 등 특별한 사정이 없는 한 기간이 끝나면 사전 최고나 해지를 하지 않아도 임대차는 종료한다.

★ 예외적 경우

임대차계약의 당사자 일방 또는 쌍방이 계약기간 내에 계약을 해지할 권리를 행사하지 않고 보류한 경우 당사자는 언제든지 계약해지의 통고를 할 수 있다. 예를 들어, 당사자가 임대차계약을 체결하면서 그 계약서에 "부득이한 사유가 생기면 임차인이 통보한 날부터 1개월 후에 계약이 해지된 것으로 본다." 라는 해지권 유보의 특약을 한 경우에는 임대차 기간의 약정이 있더라도 그 부득이한 사유를 증명한 후 중도에 임대차계약을 해지할 수 있다.

★ 임차인이 파산선고를 받은 경우에는 임대인 또는 파산관재인은 언제든지 계약해지의 통고를 할 수 있다. 이 경우 각 당사자는 계약해지로 인해 생긴 손해배상을 상대방에게 청구할 수 없다.

■ 임대차기간의 약정이 없는 경우

임대차기간의 약정이 없는 경우 당사자는 언제든지 계약해지의 통고를 할 수 있다.

임대차계약의 해지

■ 임대차계약의 중도 해지의 사유

임대차 기간의 약정이 있더라도 다음과 같은 사유가 있는 경우에는 임대차계약을 중도에 해지할 수 있다. 이 경우에는 해지의 의사표시가 상대방에게 도달한 때 임대차는 종료된다.

★ 임차인이 임대차계약을 해지할 수 있는 경우
- 임대인이 임차인의 의사에 반하여 보존행위를 하는 경우 임차인이 이로 인해 임대차의 목적을 달성할 수 없는 때
- 상가건물의 일부가 임차인의 과실 없어 멸실 그 밖의 사유로 사용·수익할 수 없는 경우 그 잔존부분으로 임차의 목적을 달성할 수 없는 때

★ 임대인이 해지할 수 있는 경우
- 임차인이 임대인의 동의 없이 임차권을 양도하거나 임차상가건물을 전대한 경우
- 임차인의 3회에 걸쳐 차임을 연체한 경우
- 임차인이 상가건물을 계약 또는 그 상가건물의 성질에 따라 정하여진 용법으로 이를 사용·수익하지 않은 경우

※ 차임연체 및 해지 규정은 지역별로 정해진 보증금의 일정 기준 금액을 초과하는 임대차에 대해서도 적용한다.

권리금의 회수

■ 권리금의 회수 대상

★ 권리금은 새로운 임차인으로부터만 지급받을 수 있을 뿐이고, 보증금과는 달리 임대인에게 그 지급을 구할 수 없는 것이 일반적이다.

★ 권리금이 임차인으로부터 임대인에게 지급된 경우에, 그 유형·무형의 재산적 가치의 양수 또는 약정기간 동안의 이용이 유효하게 이루어진 이상 임대인은 그 권리금의 반환의무를 지지 아니하며, 다만 임차인은 당초의 임대차에서 반대되는 약정이 없는 한 임차권의 양도 또는 전대차의 기회에 부수하여 자신도 그 재산적 가치를 다른 사람에게 양도 또는 이용케 함으로써 권리금 상당액을 회수할 수 있을 뿐이다.

■ 권리금 회수기회 보호

임대인은 임대차기간이 끝나기 6개월 전부터 임대차 종료 시까지 다음의 어느 하나에 해당하는 행위를 함으로써 권리금 계약에 따라 임차인이 주선한 신규임차인이 되려는 사람으로부터 권리금을 지급받는 것을 방해해서는 안 된다. 다만, 상가건물 임대차보호법 제10조 제1항에 해당하는 사유가 있는 경우에는 그러하지 않는다.

- 임차인이 주선한 신규임차인이 되려는 사람에게 권리금을 요구하거나 임차인이 주선한 신규임차인이 되려는 사람으로부터 권리금을 수수하는 행위

- 임차인이 주선한 신규임차인이 되려는 사람으로 하여금 임차인에게 권리금을 지급하지 못하게 하는 행위
- 임차인이 주선한 신규임차인이 되려는 사람에게 상가건물에 관한 조세, 공과금, 주변 상가건물의 차임 및 보증금, 그 밖의 부담에 따른 금액에 비추어 현저히 고액의 차임과 보증금을 요구하는 행위
- 그 밖에 정당한 사유 없이 임대인이 임차인이 주선한 신규임차인이 되려는 자와 임대차계약의 체결을 거절하는 행위

■ **임대인의 손해배상 책임**

★ 임대인이 위의 권리금 회수 금지 행위를 위반하여 임차인에게 손해를 발생하게 한 경우에는 그 손해를 배상할 책임이 있다. 이 경우 그 손해배상액은 신규임차인이 임차인에게 지급하기로 한 권리금과 임대차 종료 당시의 권리금 중 낮은 금액을 넘지 못한다.

★ 임대인에게 손해배상을 청구할 권리는 임대차가 종료한 날부터 3년 이내에 행사하지 아니하면 시효의 완성으로 소멸한다.

■ **임차인의 정보제공 의무**

임차인은 임대인에게 임차인이 주선한 신규임차인이 되려는 자의 보증금 및 차임을 지급할 자력 또는 그 밖에 임차인으로서의 의무를 이행할 의사 및 능력에 관하여 자신이 알고 있는 정보를 제공하여야 한다.

■ 권리금 적용 제외

다음의 어느 하나에 해당하는 상가건물 임대차의 경우에는 적용하지 않는다.

- 임대차 목적물인 상가건물이 유통산업발전법 제2조에 따른 대규모점포 또는 준대규모점포의 일부인 경우(다만, 전통시장 및 상점가 육성을 위한 특별법 제2조제1호에 따른 전통시장은 제외)
- 임대차 목적물인 상가건물이 국유재산법에 따른 국유재산 또는 공유재산 및 물품 관리법에 따른 공유재산인 경우

■ 임대인의 권리금 반환의무

★ 임대인의 권리금 반환 약정

판례는 임대인의 권리금 반환의무를 인정하기 위해서는 반환의 약정이 있는 등 특별한 사정이 있을 것을 요구하고 있다.

- 권리금 수수 후 약정기간 동안 임대차를 존속시켜 그 재산적 가치를 이용할 수 있도록 약정하였음에도 임대인의 사정으로 중도 해지되어 약정기간 동안 재산적 가치를 이용할 수 없었거나, 임대인이 임대차의 종료에 즈음하여 재산적 가치를 도로 양수하는 경우 등의 특별한 사정이 있을 때에는 임대인은 권리금의 전부 또는 일부에 대해 반환의무를 부담한다.
- 권리금이 그 수수 후 일정한 기간 이상으로 그 임대차를 존속시키기로 하는 임차권 보장의 약정하에 임차인으로부터 임대인에게 지급된 경우에는 보장기간 동안의 이용이 유효하게 이루어진 이상 임대인은 그 권리금의 반환의무를 부담하지 않는다. 그러나 백화점 내 매장에 관하여 2년 이상 영업을 보장한

다는 약정하에 임차인에게서 영업권리금을 지급받았으나 백화
점과의 계약이 갱신되지 않아 임차인에게 당초 보장된 기간
동안의 재산적 가치를 이용하게 해주지 못한 사안에서, 임대인
은 임차인에게 영업권리금 중 일부를 반환할 의무가 있다고
하였다.
- 임대인이 반환의무를 부담하는 권리금의 범위는 지급된 권리
  금을 경과기간과 잔존기간에 대응하는 것으로 나누어, 임대인
  은 임차인으로부터 수령한 권리금 중 임대차계약이 종료될 때
  까지의 기간에 대응하는 부분을 공제한 잔존기간에 대응하는
  부분만을 반환할 의무를 부담한다

▼내용증명에 대한 생활법률▼

내용증명은 발송자가 발송일자에 내용증명서에 기재된 내용을 수취인에게 발송하였음을 증명해주는 제도이다.
채권자가 변제기에 채권을 청구하면서 내용증명의 방법을 취하는 경우에는 채권자의 채권청구사실이 우체국에 의해서 증명된다. 이는 채권이 소멸시효의 만료로 소멸되는지 여부를 결정하는 중요한

역할을 한다.

내용증명과 배달증명

★ 「내용증명」이란 등기취급을 전제로 우체국창구 또는 정보통신망을 통하여 발송인이 수취인에게 어떤 내용의 문서를 언제 발송하였다는 사실을 우체국이 증명하는 특수취급제도를 말한다.

★ 「배달증명」이란 등기취급을 전제로 우편물의 배달일자 및 수취인을 배달우체국에서 증명하여 발송인에게 통지하는 특수취급제도를 말한다,

※ 내용증명·배달증명을 하면 어떤 점이 좋을까?

내용증명은 발송자가 발송일자에 내용증명서에 기재된 내용을 수취인에게 발송하였음을 증명해주는 제도이다. 내용증명제도는 기재된 내용의 진실을 추정해주지는 않지만 그 내용의 사실을 우체국이 증명하는 제도이므로 내용의 발송사실, 발송일자 및 전달사실까지 증명될 수 있다.

채권자가 변제기에 채권을 청구하면서 내용증명의 방법을 취하는 경우에는 채권자의 채권청구사실이 우체국에 의해서 증명된다. 이는 채권이 소멸시효의 만료로 소멸되는지 여부를 결정하는 중요한 역할을 한다.

배달증명은 내용증명증서를 수취인이 받은 날짜를 배달우체국에서 증명해 준다. 이 증명은 공적인 증명이기 때문에 법원에서 충분한 증거로 인정받게 된다.

내용증명의 작성

■ 내용문서의 작성기준

내용문서의 원본 및 등본은 가로 210㎜, 세로 297㎜의 용지(A4)를 사용하여 작성하되, 등본은 내용문서의 원본을 복사한 것이어야 한다. 내용문서의 원본 또는 등본의 문자나 기호를 정정·삽입 또는 삭제한 때에는 "정정"·"삽입" 또는 "삭제"의 문자 및 자수를 난외(欄外) 또는 말미 여백에 기재하고 그 곳에 발송인의 도장 또는 지장을 찍거나 서명을 해야 한다. 내용증명우편물의 내용문서 원본, 그 등본 및 우편물의 봉투에 기재하는 발송인 및 수취인의 성명·주소는 같아야 한다.

■ 내용증명의 작성방법

A4용지를 기준으로 육하원칙에 따라 전달 내용을 알기 쉽게 작성한다. 내용증명서 상단 또는 하단에 보내는 사람과 받는 사람의 주소와 성명을 써야 한다. 작성된 내용증명서는 통상 3부가 필요하다.
1통은 원본으로 사용되고 2통은 등본으로 사용된다.
내용증명서 봉투에 내용증명서에 쓴 보내는 사람과 받는 사람의 주소와 성명을 동일하게 한다.

내 용 증 명

발 신 인 ○ ○ ○ (주민등록번호)

　　　　　　주 소

수 신 인 ○ ○ ○ (주민등록번호)

　　　　　　주 소

대여금 변제 최고

1. 귀하의 무궁한 발전을 기원합니다.

2. 귀하는 20○○. ○. ○. ○○:○○경 본인을 방문하여 "신용카드대금이 연체되어 신용카드회사에서 사기로 고소한다고 하니 금 ○○○원을 대여해주면, 이자는 연 18%로 20○○. ○. ○. 까지는 틀림없이 변제해준다"고 하여 당일 본인은 귀하에게 위 금원을 대여해 준 적이 있습니다.

3. 본인은 변제기한인 20○○. ○. ○. 도과 후 귀하에게 수차에 걸쳐 대여금의 반환을 요구하였으나 귀하는 현재까지 이런저런 이유로 대여금의 반환을 미루고 있습니다.

4. 이에 귀하에게 대여 원리금 금 ○○○원을 20○○. ○. ○.까지 반환하여 줄 것을 최고하며, 만약 귀하께서 이행치 아니할시 부득이 법적인 조치를 취할 수밖에 없음을 통지하니 양지하시기 바랍니다.

　　　　　　　　　　　　20○○.　　○.　　○.

　　　　　　　　　　　　위 발신인　　○○○

내용증명의 발송

■ 내용문서 원본 및 등본의 제출

내용증명우편물을 발송하려는 자는 내용문서 원본 및 그 등본 2통을 제출해야 한다. 동문내용증명 우편물인 경우에는 각 수취인별·내용문서 원본과 수취인 전부의 성명 및 주소를 적은 등본 2통을 제출해야 한다. 제출받은 등본 중 한통은 우체국에서 발송한 다음 날부터 3년간 보관하고 나머지 한통은 발송인에게 이를 되돌려 준다. 다만, 발송인이 등본을 필요로 하지 않는 때에는 한통의 등본만을 제출할 수 있다.

■ 내용문서의 접수 및 증명

★ 내용증명우편물의 접수는 접수우체국에서 내용문서 원본과 등본을 대조하여 서로 부합함을 확인한 후 내용문서 원본과 등본의 각통에 발송 연월일 및 그 우편물을 내용증명우편물로 발송한다는 뜻과 우체국명을 기재하고 통신일부인을 찍는 방법으로 이루어진다.

★ 수취인에게 발송할 내용문서의 원본, 우체국에서 보관할 등본 및 발송인에게 교부할 등본 상호 간에는 우편날짜도장을 걸쳐 찍어야 한다. 내용문서의 원본 또는 등본이 2매 이상 합철되는 곳과 내용문서의 원본 또는 등본의 정정·삽입 또는 삭제에 관한 기재를 한 곳에는 통신일부인이 찍히게 된다.

★ 절차를 갖추어 접수·증명된 내용문서의 원본은 우체국의 취급직원이 보는 곳에서 발송인이 수취인 및 발송인의 성명·주소를 적은 봉투에 넣고 이를 봉함한다.

■ 내용증명 취급수수료의 계산

내용증명 취급수수료는 기준용지의 규격을 기준으로 내용문서의 매수에 따라 계산하되, 양면에 기재한 경우에는 이를 2매로 본다. 내용증명의 수수료는 등본 1매에 1,300원이며, 1매 초과할 때마다 650원이 가산된다.

■ 내용증명의 재증명 및 등본열람 청구

★ 내용증명우편물의 발송인 또는 수취인은 내용증명우편물을 발송한 다음 날부터 3년까지는 우체국에 특수우편물수령증·주민등록증 등의 관계 자료를 내보여 같은 우편물의 발송인 또는 수취인임을 입증하고 내용증명의 재증명을 청구할 수 있다.

★ 재증명 청구인은 우체국에서 보관 중인 최초의 내용문서 등본과 같은 등본을 우체국에 제출해야 하며, 재증명 청구를 받은 우체국은 청구인이 제출한 내용문서를 재증명하여 내주어야 한다. 다만, 청구인이 분실 등의 사유로 내용문서를 제출하기 어려운 경우에는 우체국에서 보관 중인 내용문서를 복사한 후 재증명하여 내줄 수 있다.

★ 내용증명우편물의 발송인 또는 수취인은 우편물을 발송한 다음 날부터 3년까지는 발송우체국에 특수우편물수령증·주민등록증 등의 관계 자료를 내보여 동 우편물의 발송인 또는 수취인임을 입증하고 내용문서 등본의 열람을 청구할 수 있다.

배달증명의 절차

■ 배달증명의 표시

배달증명우편물에는 발송인이 그 표면의 보기 쉬운 곳에 "배달증명"이 표시해야 한다.

■ 배달증명서의 송부

배달증명우편물을 배달한 때에는 발송인에게 배달증명서를 우편으로 송부한다. 다만, 발송인이 원하는 경우에는 정보통신망을 통한 전자적 방법으로 송부할 수 있다.

■ 발송 후 배달증명 청구

등기우편물의 발송인 또는 수취인은 우편물을 발송한 다음 날부터 1년까지는 우체국에 해당 특수우편물수령증·주민등록증 등의 관계 자료를 내보여 동 우편물의 발송인 또는 수취인임을 입증하고 그 배달증명을 청구할 수 있다. 다만, 내용증명우편물에 대한 배달증명의 청구기간은 우편물을 발송한 다음 날부터 3년까지로 한다.

■ 배달증명 수수료의 계산

배달증명의 수수료는 1통에 1,300원이다.

※ 내용증명·배달증명을 받은 채무자는 어떻게 해야 하나?

금전거래에서 채권자가 채무변제 촉구를 내용으로 하는 내용증명을 보낸다고 해도 이러한 내용증명서가 반드시 진실의 사실을 입증하는 것이 아니다. 따라서 채무자가 이를 반박하지 않는다고 해서 법률적으로 불이익을 받지는 않는다.

그러나 채권자는 내용증명을 통해 법적절차를 밟을 것을 표명하고 있으므로 법률전문가의 도움을 얻어 이에 대항하기 위한 법적 조치를 강구해야 한다.

▼반려동물에 대한 생활법률▼

반려(伴侶)동물이란 사람과 더불어 살아가며 사랑을 주고받는 가족이라는 의미에서 반려동물이라고 한다.

반려동물(companion animal)이라는 용어는 1983년 10월 오스트리아 빈에서 열린 '인간과 동물의 관계에 관한 국제 심포지움'에서 "애완동물"이란 말 대신 사용하기로 제안해서 미국, 유럽, 일본 등 대부분의 국가에서 사용되고 있다.

반려동물을 기르기 전 유의사항

■ 반려동물의 종류

"반려동물"이란 사람과 더불어 사는 동물로 장난감이 아닌 더불어 살아가는 동물을 말한다. 이에 따라 사람과 더불어 살아가는 동물이라면 개, 고양이, 토끼, 기니피그, 돼지, 닭, 오리, 앵무새, 도마뱀, 이구아나, 사슴벌레, 금붕어 등 그 종류를 불문하고 모두 반려동물이라고 할 수 있다.

■ 반려동물을 기르기 전 유의사항

★ 반려동물을 입양 또는 분양을 받기 전에 모든 가족 구성원이 동의하고 충분히 생각해 보셨나요?

★ 개와 고양이의 수명은 약 15년 정도입니다. 살아가면서 질병도 걸릴 수 있습니다. 생활패턴이나 환경이 바뀌어도 오랜 기간 동안 책임지고 잘 돌보아 줄 수 있나요?

★ 매일 산책을 시켜주거나 함께 있어줄 수 있는 시간이 충분한가요? 개는 물론이고 고양이도 혼자 있으면 외로워하는 사회적 동물입니다.

★ 식비, 건강 검진비, 예방접종과 치료비 등 관리비용을 충당할 수 있을 정도의 경제적 여유를 갖고 계신가요?

★ 동물의 소음(짖거나 울음소리), 냄새(배변 등), 털 빠짐 등의 상황이 일어납니다. 또한 물거나 할퀼 수도 있으며 다양한 문제행동을 보일 수도 있습니다.

★ 개와 고양이로 인한 알레르기 반응은 없나요? 입양 또는 분양받기 전에 반드시 가족 구성원 모두 알레르기 유무를 확인해야 합니다.
★ 반려동물의 중성화수술 및 동물등록에 동의하시나요?

반려동물 입양 및 분양받기

■ 동물보호센터(유기동물보호센터)에서 입양하기

★ 동물보호센터란?

동물보호센터는 분실 또는 유기된 반려동물이 소유자와 소유자를 위해 반려동물의 사육·관리 또는 보호에 종사하는 사람에게 안전하게 반환될 수 있도록 지방자치단체가 설치·운영하거나 지방자치단체로부터 보호를 위탁받은 시설에서 운영하는 동물보호시설을 말한다.

★ 동물보호센터에서 반려동물 입양

공공장소에서 구조된 후 일정기간이 지나도 소유자를 알 수 없는 반려동물은 그 소유권이 관할 지방자치단체로 이전되므로 일반인이 입양할 수 있다. 동물보호센터에서 반려동물을 입양하려면 해당 지방자치단체의 조례에서 정하는 일정한 자격요건을 갖추어야 한다.

■ 동물판매업소에서 분양받기

★ 동물판매업이란?

반려동물인 개, 고양이, 토끼, 페럿, 기니피그, 햄스터를 구입하여 판매, 알선 또는 중개하는 영업을 말한다.

★ 반려견센터 등 동물판매업소에서 반려동물 분양받기

동물판매업소에서 반려동물을 분양받을 때는 사후에 문제가 발생할 것을 대비해 계약서를 받는 것이 좋으며, 특히 반려견을 분양받을 때는 그 동물판매업소가 동물판매업 등록이 되어 있는 곳인지 확인하는 것도 중요하다.

★ 동물판매업 등록 여부 확인하기

동물보호법은 건강한 반려동물을 유통시켜 소비자를 보호하기 위해 일정한 시설과 인력을 갖추고, 시장·군수·구청장에게 동물판매업 등록을 한 동물판매업자만 반려동물을 판매할 수 있도록 하고 있다.

동물판매업자에게는 일정한 준수의무가 부과되기 때문에 동물판매업 등록이 된 곳에서 반려동물을 분양받아야만 나중에 분쟁이 발생했을 때 훨씬 대처하기 쉬울 수 있다.

- 동물판매업 등록 여부는 영업장 내에 게시된 동물판매업 등록증으로 확인할 수 있다.
- 이를 위반해서 동물판매업자가 동물판매업 등록을 하지 않고 영업하면 500만원 이하의 벌금에 처해진다.

■ 반려동물 분양 계약서 받기

★ 동물판매업자가 반려동물을 판매할 때에는 다음의 내용을 포함한 반려동물 매매 계약서와 해당 내용을 증명하는 서류를 판매할 때 제공해야 하며, 계약서를 제공할 의무가 있음을 영업장 내부(전자상거래 방식으로 판매하는 경우에는 인터넷 홈페이지 또는 휴대전화에서 사용되는 응용프로그램을 포함함)의 잘 보이는 곳에 게시해야 한다.

1. 동물판매업 등록번호, 업소명, 주소 및 전화번호
2. 동물의 출생일자 및 판매업자가 입수한 날
3. 동물을 생산(수입)한 동물생산(수입)업자 업소명 주소
4. 동물의 종류, 품종, 색상 및 판매 시의 특징
5. 예방접종, 약물투어 등 수의사의 치료기록 등

6. 판매시의 건강상태와 그 증빙서류

7. 판매일 및 판매금액

8. 판매한 동물에게 질병 또는 사망 등 건강상의 문제가 생긴 경우
   의 처리방법

9. 등록된 동물인 경우 등록내역

★ 반려동물이 죽거나 질병에 걸렸을 때 이 계약서가 보상 여부를
   결정하는 중요한 자료가 될 수 있으므로 반려동물을 분양받을 때
   는 계약서를 잊지 않고 받아야 한다.

★ 만약 동물판매업소에서 계약서를 제공하지 않았다면, 소비자는
   반려동물 분양받은 후 7일 이내에 계약서미교부를 이유로 분양
   계약을 해제할 수 있다.

반려동물 예방접종 및 구충

■ 예방접종 필요성

반려동물의 전염병 예방과 건강관리 및 적정한 치료, 반려동물의 질병으로 인한 일반인의 위생상의 문제를 방지하기 위해 예방접종이 필요하다. 일반적으로 반려동물의 예방접종은 생후 6주부터 접종을 시작하는데, 급격한 환경의 변화가 있을 경우 적응기간을 가진 후 접종을 진행해야 하며, 예방접종의 시기와 종류를 반드시 확인해야 한다.

■ 예방접종 실시하기

반려동물은 정기적으로 특성에 따른 예방접종을 실시해야 한다. 특히, 특별시·광역시·도·특별자치도·특별자치시 조례로서 반려동물에 대한 예방접종이 의무화된 지역에 거주하는 경우에는 반드시 예방접종을 실시해야 한다.

■ 예방접종을 하지 않으면?

특별자치시장·시장(특별자치도의 행정시장을 포함함)·군수·구청장(자치구의 구청장을 말함)은 광견병 예방주사를 맞지 않은 개, 고양이 등이 건물 밖에서 배회하는 것을 발견하였을 경우에 소유자의 부담으로 억류하거나 살처분 또는 그 밖에 필요한 조치를 할 수 있으므로 광견병 예방접종은 꼭 실시해야 한다.

■ 반려동물의 구충

반려동물의 정기구충은 반려동물의 건강뿐 아니라 반려동물과 생활하는 사람들의 건강과도 밀접한 연관이 있으므로 정기적인 구충을 실시해야 한다. 특히, 반려견은 분기마다 1회 이상 구충을 실시해야 한다.

동물병원 이용시 꼭 알아야 할 사항

■ 진료거부 금지

수의사는 반려동물의 진료를 요구 받았을 때에는 정당한 사유 없이 거부해서는 안 된다. 이를 위반하면 1년 이내의 기간을 정하여 수의사 면허의 효력을 정지시킬 수 있고, 500만원 이하의 과태료를 내야 한다.

■ 진단서 등 발급 거부 금지 등

★ 수의사는 자기가 직접 진료하거나 검안(檢案)하지 않고는 진단서, 검안서, 증명서 또는 처방전(「전자서명법」에 따른 전자서명이 기재된 전자문서 형태로 작성한 처방전을 포함)을 발급하지 못하며, 오용·남용으로 사람 및 동물의 건강에 위해를 끼칠 우려, 수의사 또는 수산질병관리사의 전문지식이 필요하거나 제형과 약리작용상 장애를 일으킬 우려가 있다고 인정되는 처방대상 동물용의약품을 처방·투약하지 못한다. 이를 위반하면 1년 이내의 기간을 정하여 수의사 면허의 효력을 정지시킬 수 있고, 100만원의 과태료를 내야 한다.

★ 또한, 수의사는 직접 진료하거나 검안한 반려동물에 대한 진단서, 검안서, 증명서 또는 처방전의 발급요구를 정당한 사유 없이 거부해서는 안 된다. 이를 위반하면 1년 이내의 기간을 정하여 수의사 면허의 효력을 정지시킬 수 있고, 100만원의 과태료를 내야 한다.

■ **진료부 등 작성 및 보관 의무**

수의사는 진료부와 검안부를 비치하고 진료하거나 검안한 사항을 기록(전자문서도 가능)하고 서명해서 1년간 보관해야 한다. 이를 위반하면 1년 이내의 기간을 정하여 수의사 면허의 효력을 정지시킬 수 있고, 100만원의 과태료를 내야 한다.

■ **과잉진료행위 등 그 밖의 금지행위**

수의사는 반려동물에 대한 과잉진료행위 등 다음의 행위를 해서는 안 된다. 이를 위반하면 수의사면허의 효력이 정지될 수 있다.

1. 거짓이나 그 밖의 부정한 방법으로 진단서, 검안서, 증명서 또는 처방전을 발급하는 행위
2. 관련 서류를 위조·변조하는 등 부정한 방법으로 진료비를 청구하는 행위
3. 정당한 이유 없이 동물보호법 제30조제1항에 따른 명령을 위반하는 행위
4. 임상수의학적(臨床獸醫學的)으로 인정되지 않는 진료행위
5. 학위 수여 사실을 거짓으로 공표하는 행위
6. 불필요한 검사·투약 또는 수술 등의 과잉진료행위
7. 부당하게 많은 진료비를 요구하는 행위
8. 정당한 이유 없이 동물의 고통을 줄이기 위한 조치를 하지 않고 시술하는 행위
9. 소독 등 병원 내 감염을 막기 위한 조치를 취하지 않고 시술하여 질병이 악화되게 하는 행위
10. 예후가 불명확한 수술 및 처치 등을 할 때 그 위험성 및 비용을 알리지 않고 이를 하는 행위

11. 유효기간이 지난 약제를 사용하는 행위
12. 정당한 이유 없이 응급진료가 필요한 반려동물을 방치해 질병이 악화되게 하는 행위
13. 허위 또는 과대광고 행위
14. 동물병원의 개설자격이 없는 자에게 고용되어 동물을 진료하는 행위
15. 다른 동물병원을 이용하려는 반려동물의 소유자 또는 관리자를 자신이 종사하거나 개설한 동물병원으로 유인하거나 유인하게 하는 행위
16. 진료거부금지, 진단서 등 발급 거부, 진료부 등 작성, 동물병원 개설 규정을 위반하는 행위

■ 수술 등 중대진료에 관한 설명
수의사는 반려동물의 생명 또는 신체에 중대한 위해를 발생하게 할 우려가 있는 수술, 수혈 등을 하는 경우에는 수술 등 중대진료 전에 반려동물의 소유자 또는 관리자에게 다음의 사항을 설명하고, 서면(전자문서를 포함)으로 동의를 받아야 한다. 다만, 설명 및 동의 절차로 수술 등 중대진료가 지체되면 반려동물의 생명이 위험해지거나 반려동물의 신체에 중대한 장애를 가져올 우려가 있는 경우에는 수술 등 중대진료 이후에 설명하고 동의를 받을 수 있다.
1. 반려동물에게 발생하거나 발생 가능한 증상의 진단명
2. 수술 등 중대진료의 필요성, 방법 및 내용
3. 수술 등 중대진료에 따라 전형적으로 발생이 예상되는 후유증 또는 부작용
4. 수술 등 중대진료 전후에 동물소유자 등이 준수하여야 할 사항

반려동물 미용실 이용 시 참고사항

■ 동물미용업이란?

동물미용업은 반려동물의 털, 피부 또는 발톱 등을 손질하거나 위생적으로 관리하는 영업을 말한다.

■ 동물미용업 등록 여부 확인하기

★ 동물미용업 영업을 하기 위해서는 필요한 시설과 인력을 갖추어서 시장·군수·구청장(자치구의 구청장을 말함)에 동물미용업 등록을 해야 하므로 반드시 시·군·구에 등록된 업체인지 확인해야 한다.

★ 동물미용업자에게는 일정한 준수의무가 부과되기 때문에 동물미용업 등록이 된 곳에서 반려동물 미용을 한 경우에만 나중에 분쟁이 발생했을 때 훨씬 대처하기 쉬울 수 있다.

★ 동물미용업 등록 여부는 영업장 내에 게시된 동물미용업 등록증으로 확인할 수 있다. 이를 위반해서 동물미용업자가 동물미용업 등록을 하지 않고 영업하면 500만원 이하의 벌금에 처해진다.

동물등록제도

■ "동물등록"이란?
등록대상동물의 소유자는 동물의 보호와 유실·유기방지 등을 위하여
시장·군수·구청장(자치구의 구청장을 말함)·특별자치시장에게 등록대
상동물을 등록해야 한다.

■ 동물등록제의 효과
동물등록을 신청을 받은 시장·군수·구청장은 동물등록번호의 부여방
법에 따라 등록대상동물에 무선전자개체식별장치를 장착 후 동물등
록증(전자적 방식을 포함)을 발급하고, 동물보호관리시스템으로 등록
사항을 기록·유지·관리한다. 따라서 반려동물을 잃어버리거나 버려진
경우 동물등록번호를 통해 소유자를 쉽게 확인할 수 있다.

■ 동물등록 대상
★ 동물등록을 해야 하는 동물은 동물의 보호, 유실·유기방지, 질병
   의 관리, 공중위생상의 위해 방지 등을 위하여 등록이 필요하다
   고 인정하는 다음의 어느 하나에 해당하는 월령(月齡) 2개월 이
   상인 개를 말한다. 다만, 등록대상동물의 소유자는 등록하려는
   동물이 등록대상 월령 이하인 경우에도 등록할 수 있다.
   - 주택·준주택에서 기르는 개
   - 주택·준주택 외의 장소에서 반려(伴侶) 목적으로 기르는 개

★ '주택'이란 세대(世帶)의 구성원이 장기간 독립된 주거생활을 할 수 있는 구조로 된 건축물의 전부 또는 일부 및 부속토지를 말하여, 단독주택과 공동주택으로 구분한다.

★ '준주택'이란 주택 외의 건축물과 그 부속토지로서 주거시설로 이용가능한 시설 등을 말하며, 그 종류와 범위는 다음과 같다.
- 기숙사
- 다중생활시설
- 노인복지시설 중 노인복지주택
- 오피스텔

Q. 고양이는 동물등록을 할 수 없나요?

A. 현재 고양이는 동물보호법상 동물등록대상이 아니다. 하지만 농림축산식품부는 2018년 1월 15일부터 고양이 동물등록 시범사업을 실시하고 있다. 고양이 동물등록 시범사업을 실시하는 지방자치단체는 2018년 8월 현재 서울(도봉구, 동대문구, 중구), 광주(북구), 인천(동구), 세종, 경기(안산, 용인, 평택), 강원(원주, 속초), 전북(김제, 남원, 정읍), 전남(나주, 구례), 경북(경주, 포항), 경남(하동), 충남(천안, 공주, 보령, 아산, 예산, 태안), 제주(제주, 서귀포) 총 27개이다. 소유주의 주민등록 주소지가 고양이 동물등록 시범사업 참여 지방자치단체인 경우 월령에 관계없이 고양이도 동물등록이 가능하다. 다만, 고양이의 특성상 내장형 무선식별장치(마이크로칩)로만 등록이 가능하며, 수수료는 1만원이다.

■ 동물등록 예외 지역

등록대상동물이 맹견이 아닌 경우로서 다음과 같은 지역에서는 시·도의 조례로 동물을 등록하지 않을 수 있는 지역으로 정할 수 있다.

- 도서[도서, 제주특별자치도 본도(本島) 및 방파제 또는 교량 등으로 육지와 연결된 도서는 제외함]
- 동물등록 업무를 대행하게 할 수 있는 사람이 없는 읍·면

■ 동물등록을 하지 않으면?

반려동물 등록을 하지 않은 소유자는 100만원 이하의 과태료를 내야 한다.

반려동물 유기(遺棄) 금지

■ **반려동물의 유기 금지**

★ 반려동물을 계속 기를 수 없다고 해서 그 반려동물을 버려서는 안 된다.

★ 버려진 반려동물은 길거리를 돌아다니다가 굶주림·질병·사고 등으로 몸이 약해져 죽음에 이를 수 있고, 구조되어 동물보호시설에 보호조치 되더라도 일정 기간이 지나면 관할 지방자치단체가 동물의 소유권을 취득하여 기증 및 분양하거나 경우에 따라서는 수의사에 의한 인도적 방법에 따른 처리가 될 수 있다.

★ 반려동물의 유기를 막기 위해서는 무엇보다도 반려동물이 죽음을 맞이할 때까지 평생 동안 적절히 보살피는 등 소유자가 보호자로서의 책임을 다하는 자세가 필요하며, 부득이한 경우에는 동물보호단체 등과 상담해 보시기 바란다.

■ **반려동물을 유기하면?**

이를 위반하여 반려동물을 버리면 300만원 이하의 벌금에 처해진다. 또한, 맹견을 버리면 2년 이하의 징역 또는 2천만원 이하의 벌금에 처해진다.

반려동물에 금지되는 학대행위

■ 동물학대란?

"동물학대"란 동물을 대상으로 정당한 사유 없이 불필요하거나 피할 수 있는 신체적 고통과 스트레스를 주는 행위 및 굶주림, 질병 등에 대하여 적절한 조치를 게을리 하거나 방치하는 행위를 말한다.

■ 반려동물 학대 금지

누구든지 반려동물에게 다음의 학대행위 등을 해서는 안 된다.
- 목을 매다는 등의 잔인한 방법으로 죽음에 이르게 하는 행위
- 길거리 등 공개된 장소에서 죽이거나 같은 종류의 다른 동물이 보는 앞에서 죽음에 이르게 하는 행위
- 고의로 사료 또는 물을 주지 아니하는 행위로 인하여 동물을 죽음에 이르게 하는 행위
- 사람의 생명·신체에 대한 직접적 위협이나 재산상의 피해를 방지하기 위하여 다른 방법이 있음에도 불구하고 동물을 죽음에 이르게하는 행위
- 동물의 습성 및 생태환경 등 부득이한 사유가 없음에도 불구하고 해당 동물을 다른 동물의 먹이로 사용하는 경우
- 도구·약물 등 물리적·화학적 방법을 사용하여 상해를 입히는 행위. 다만, 질병의 예방이나 치료, 동물실험, 긴급한 사태가 발생한 경우 해당 동물을 보호하기 위하여 하는 행위는 제외한다.
- 살아 있는 상태에서 동물의 신체를 손상하거나 체액을 채취하

거나 체액을 채취하기 위한 장치를 설치하는 행위. 다만, 질병의 예방이나 치료, 동물실험, 긴급한 사태가 발생한 경우 해당 동물을 보호하기 위하여 하는 행위는 제외한다.

- 도박·광고·오락·유흥 등의 목적으로 동물에게 상해를 입히는 행위. 다만, 전통 소싸움 경기에 관한 법률에 따른 소싸움으로서 지방자치단체장이 주관(주최)하는 민속 소싸움 경기에서 정하는 민속 소싸움 경기는 제외한다.
- 사람의 생명·신체에 대한 직접적 위협이나 재산상의 피해를 방지하기 위하여 다른 방법이 있음에도 불구하고 동물에게 신체적 고통을 주거나 상해를 입히는 행위
- 동물의 습성 또는 사육환경 등의 부득이한 사유가 없음에도 불구하고 동물을 혹서·혹한 등의 환경에 방치하여 신체적 고통을 주거나 상해를 입히는 행위
- 갈증이나 굶주림의 해소 또는 질병의 예방이나 치료 등의 목적 없이 동물에게 음식이나 물을 강제로 먹여 신체적 고통을 주거나 상해를 입히는 행위
- 동물의 사육·훈련 등을 위하여 필요한 방식이 아님에도 불구하고 다른 동물과 싸우게 하거나 도구를 사용하는 등 잔인한 방식으로 신체적 고통을 주거나 상해를 입히는 행위
- 유실·유기동물 또는 피학대 동물 중 소유자를 알 수 없는 동물에 대하여 포획하여 판매하거나 죽이는 행위, 판매하거나 죽일 목적으로 포획하는 행위
- 유실·유기동물 또는 피학대 동물 중 소유자를 알 수 없는 동물임을 알면서도 알선·구매하는 행위

반려 목적으로 기르는 동물에 대한 사육·관리 의무위반

■ 동물에 대한 사육·관리 의무위반

★ 반려 목적으로 기르는 개, 고양이, 토끼, 페럿, 기니피그 및 햄스터에게 최소한의 사육공간 제공 등 사육·관리 의무를 위반하여 상해를 입히거나 질병을 유발하는 행위를 해서는 안 된다.

■ 그 밖의 금지 행위

누구든지 다음의 행위를 해서는 안 된다.

- 동물보호법 제8조제1항부터 제3항까지에 해당하는 행위를 촬영한 사진 또는 영상물을 판매·전시·전달·상영하거나 인터넷에 게재하는 행위. 다만, 국가기관, 지방자치단체 또는 민간단체가 동물보호 의식을 고양시키기 위한 목적으로 촬영한 사진 또는 영상물에 기관 또는 단체의 명칭과 해당 목적을 표시하여 판매·전시·전달·상영하거나 인터넷에 게재하는 경우, 언론기관이 보도 목적으로 사진 또는 영상물을 부분 편집하여 전시·전달·상영하거나 인터넷에 게재하는 경우 및 신고 또는 제보의 목적으로 기관 또는 단체에 사진 또는 영상물을 전달하는 경우에는 제외한다.
- 도박을 목적으로 동물을 이용하거나 도박·시합·복권·오락·유흥·광고 등의 상이나 경품으로 동물을 제공하는 행위
- 도박·시합·복권·오락·유흥·광고 등의 상이나 경품으로 동물을 제공하는 행위. 다만, 사행산업통합감독위원회법에 따른 사행

산업은 제외한다.

- 영리를 목적으로 동물을 대여하는 행위. 다만, 장애인 보조견을 대여하는 경우, 촬영, 체험 또는 교육을 위하여 동물을 대여하는 경우는 제외한다.

동물학대를 신고할 수 있는 곳

■ 지방자치단체장 또는 동물보호센터

★ 누구든지 학대를 받는 동물을 발견한 경우에는 관할 지방자치단 체의 장 또는 동물보호센터에 신고할 수 있다.

★ 또한 다음에 해당하는 사람은 그 직무상 학대받는 동물을 발견한 경우에는 지체 없이 관할 지방자치단체의 장 또는 동물보호센터 에 신고해야 한다.

- 민법 제32조에 따른 동물보호를 목적으로 하는 법인과 비영리 민간단체 지원법 제4조에 따라 등록된 동물보호를 목적으로 하는 단체의 임원 및 회원

- 동물보호법 제15조제1항에 따라 설치되거나 동물보호센터로 지정된 기관의 장과 그 종사자

- 동물실험윤리위원회를 설치한 동물실험시행기관의 장과 그 종사자

- 동물실험윤리위원회의 위원

- 동물복지축산농장으로 인증을 받은 사람

- 동물장묘업(動物葬墓業), 동물판매업, 동물수입업, 동물전시업, 동물위탁관리업, 동물미용업, 동물운송업으로 등록하여 영업하 는 사람과 종사자, 동물생산업의 허가를 받아 영업하는 사람과 그 종사자

- 수의사, 동물병원의 장과 그 종사자

★ 동물학대를 신고 또는 제보를 목적으로 국가기관, 지방자치단체, 동물보호법 시행령 제5조에 따른 동물보호를 목적으로 하는 법인

이나 비영리민간단체 또는 언론기관에 동물학대 행위를 촬영한 사진 또는 영상물을 전달하는 경우에는 예외적으로 동물학대 행위를 촬영한 사진 또는 영상물을 상영하거나 인터넷에 게재할 수 있다.

■ 경찰서
누구든지 동물을 학대 등을 목격한 경우 범행 입증 자료 등을 준비해 가까운 경찰서(지구대·파출소·출장소를 포함) 또는 자지경찰단 사무소(제주특별자치도의 경우)에 신고하시거나 경찰청 민원포털(https://minwon.police.go.kr) 국민신문고 범죄신고/제보 -일반범죄신고로 신고하시면 된다.

■ 동물학대를 신고할 수 있는 대표적인 민간단체
한국동물보호협회(http://www.koreananimals.or.kr)
동물권단체 케어(http://fromcare.org)
동물자유연대(http://www.animals.or.kr)

반려동물 사체처리 방법

① 매장

■ **동물병원에서 죽은 경우**

★ 반려동물이 동물병원에서 죽은 경우에는 의료폐기물로 분류되어 동물병원에서 자체적으로 처리되거나 폐기물처리업자 또는 폐기물처리시설 설치·운영자 등에게 위탁해서 처리된다.

★ 반려동물의 소유자가 원할 경우 병원으로부터 반려동물의 사체를 인도받아 동물보호법 제33조제1항에 따른 동물장묘업의 등록한 자가 설치·운영하는 동물장묘시설에서 처리할 수 있다.

■ **동물병원 외의 장소에서 죽은 경우**

반려동물이 동물병원 외의 장소에서 죽은 경우에는 생활폐기물로 분류되어 해당 지방자치단체의 조례에서 정하는 바에 따라 생활쓰레기 봉투 등에 넣어 배출하면 생활폐기물 처리업자가 처리하게 된다.

② 화장

■ **동물병원에서 죽은 경우**

반려동물이 동물병원에서 죽은 경우에는 동물병원에서 처리될 수 있는데, 소유자가 원하면 반려동물의 사체를 인도받아 동물장묘업의 등록을 한 자가 설치·운영하는 동물장묘시설에서 화장할 수 있다.

■ **동물병원 외의 장소에서 죽은 경우**

반려동물이 동물병원 외의 장소에서 죽은 경우에는 소유자는 동물장
묘업의 등록을 한 자가 설치·운영하는 동물장묘시설에 위탁해 화장
할 수 있다.

■ **장례 및 납골**

★ 반려동물의 장례와 납골도 동물장묘업의 등록을 한 자가 설치·운
영하는 동물장묘시설에 위임할 수 있다.

※ '동물장묘업자'란 동물전용의 장례식장·화장장 또는 납골시설
을 설치·운영하는 자를 말하며, 필요한 시설과 인력을 갖추어서
시장·군수·구청장에 동물장묘업 등록을 해야 한다.

★ 동물장묘업은 필요한 시설과 인력을 갖추어서 시장·군수·구청장
에 동물장묘업 등록을 해야 하므로 반드시 시·군·구에 등록된 업
체인지 확인해야 한다.

★ 동물장묘업자에게는 일정한 준수의무가 부과되기 때문에 동물장
묘업 등록이 된 곳에서 반려동물의 장례·화장·납골을 한 경우에
만 나중에 분쟁이 발생했을 때 훨씬 대처하기 쉬울 수 있다.

★ 동물장묘업 등록 여부는 영업장 내에 게시된 동물장묘업 등록증
으로 확인할 수 있다. 또한, 동물장묘업자마다 장례, 화장, 납골
이 구분되어 있으니 시설 보유 여부를 확인해야 한다.

★ 이를 위반해서 동물장묘업가 동물장묘업 등록을 하지 않고 영업
하면 500만원 이하의 벌금에 처해진다.

동물등록된 반려동물 말소신고

■ 반려동물 말소신고

동물등록이 되어 있는 반려동물이 죽은 경우에는 다음의 서류를 갖추어서 반려동물이 죽은 날부터 30일 이내에 동물등록 말소신고를 해야 한다. 이를 위반하여 정해진 기간 내에 신고를 하지 않은 소유자는 50만원 이하의 과태료를 부과받는다.

- 동물등록 변경신고서
- 동물등록증
- 등록동물의 폐사 증명 서류

반려동물 사체처리 금지행위

■ 사체투기 금지

★ 반려동물이 죽으면 사체를 함부로 아무 곳에나 버려서는 안 된다. 특히, 공공수역, 공유수면, 항만과 같이 공중위해상 피해발생 가능성이 높은 장소에 버리는 행위는 금지된다.

★ "공공수역"이란 하천, 호수와 늪, 항만, 연안해역, 그 밖에 공공용으로 사용되는 수역과 이에 접속하여 공공용으로 사용되는 지하 수로, 농업용 수로, 하수관로, 운하를 말한다.

★ "공유수면"이란 다음의 것을 말한다.
- 바다
- 바닷가
- 하천·호수와 늪·도랑, 그 밖에 공공용으로 사용되는 수면 또는 수류(水流)로서 국유인 것

★ "항만"이란 선박의 출입, 사람의 승선·하선, 화물의 하역·보관 및 처리, 해양친수활동 등을 위한 시설과 화물의 조립·가공·포장·제조 등 부가가치 창출을 위한 시설이 갖추어진 곳을 말한다.

■ 위반 시 제재

이를 위반해서 반려동물의 사체를 아무 곳에나 버리면 10만원 이하의 벌금·구류·과료형에 처해지거나 5만원의 범칙금 또는 100만원 이하의 과태료를 부과받는다. 특히, 공공수역에 버리면 1년 이하의 징역 또는 1천만원 이하의 벌금에 처해지고(, 공유수면에 버리면 3년

이하의 징역 또는 3천만원 이하의 벌금에 처해지며, 항만에 버리면 2년 이하의 징역 또는 2천만원 이하의 벌금에 처해진다.

■ **임의매립 및 소각 금지**

★ 동물의 사체는 폐기물관리법에 따라 허가 또는 승인받거나 신고된 폐기물처리시설에서만 매립할 수 있으며, 폐기물처리시설이 아닌 곳에서 매립하거나 소각하면 안 된다. 다만, 다음의 지역에서는 해당 특별자치시, 특별자치도, 시·군·구의 조례에서 정하는 바에 따라 소각이 가능하다.
  - 가구 수가 50호 미만인 지역
  - 산간·오지·섬지역 등으로서 차량의 출입 등이 어려워 생활폐기물을 수집·운반하는 것이 사실상 불가능한 지역
★ 이를 위반하면 100만원 이하의 과태료를 부과받는다.

▼이혼에 대한 생활법률▼

이혼하는 방법에는 크게 협의이혼과 재판상 이혼의 두 가지가 있다. 부부가 이혼에 합의한 경우에는 협의이혼을 할 수 있으며, 합의가 이루어지지 않는 경우에는 당사자 일방의 청구에 의해 법원의 재판으로 이혼하는 재판상 이혼을 할 수 있다.

이혼의 종류

이혼하는 방법에는 크게 협의이혼과 재판상 이혼의 두 가지가 있다. 부부가 이혼에 합의한 경우에는 협의이혼을 할 수 있으며, 합의가 이루어지지 않는 경우에는 당사자 일방의 청구에 의해 법원의 재판으로 이혼하는 재판상 이혼을 할 수 있다.

■ 협의이혼
★ 부부 사이에 이혼하려는 의사가 있으면, 법원에 이혼신청을 하고 일정 기간이 지난 후 법원의 확인을 받아 행정관청에 이혼신고를 하면 이혼의 효력이 발생하는데, 이것을 협의이혼이라고 한다.
★ 협의이혼을 할 때 양육할 자녀가 있는 경우에는 자녀의 양육과 친권에 관한 사항을 부부가 합의해서 정하고, 그 협의서를 이혼확인을 받을 때 법원에 의무적으로 제출해야 한다. 합의가 이루어지지 않는 경우에는 법원이 직권으로 또는 당사자의 청구에 의해 정하게 된다.
★ 위자료나 재산분할에 관한 사항도 부부가 합의해서 정하게 되는데, 합의가 이루어지지 않는 경우에는 법원이 당사자의 청구에 의해 정하게 된다.

■ 재판상 이혼
★ 협의이혼이 불가능할 때 부부 중 한 사람이 법원에 이혼소송을 제기해서 판결을 받아 이혼할 수 있는데, 이것을 재판상 이혼이

라고 한다. 재판상 이혼이 가능하려면 다음과 같은 사유가 있어야 한다.

- 배우자의 부정한 행위가 있었을 때
- 배우자가 악의로 다른 일방을 유기한 때
- 배우자 또는 그 직계존속으로부터 심히 부당한 대우를 받았을 때
- 자기의 직계존속이 배우자로부터 심히 부당한 대우를 받았을 때
- 배우자의 생사가 3년 이상 분명하지 않은 때
- 그 밖에 혼인을 계속하기 어려운 중대한 사유가 있을 때

★ 이혼소송을 제기하려면 먼저 법원에 이혼조정신청을 해야 하는데, 조정을 신청하지 않고 바로 이혼소송을 제기하면 법원이 직권으로 조정에 회부하게 된다. 이 조정단계에서 합의를 하면 재판절차 없이 (조정)이혼이 성립되며, 조정이 성립되지 않으면 재판상 이혼으로 이행된다.

[서식 예] 이혼청구의 소(배우자 등의 부당한 대우)

```
                   소         장

원    고    ○  ○  ○(○○○)
            (19○○년 ○월 ○일생)
               등록기준지 : ○○시 ○○구 ○○길 ○○번지
            주소 : ○○시 ○○구 ○○길 ○○번지
            송달장소 : ○○시 ○○구 ○○길 ○○번지
피    고    △  △  △(△△△)
```

(19○○년 ○월 ○일생)
　　　　등록기준지 : ○○시 ○○구 ○○길 ○○번지
　　　주소 : ○○시 ○○구 ○○길 ○○번지

이혼청구의 소

청 구 취 지

1. 원고와 피고는 이혼한다.
2. 소송비용은 피고의 부담으로 한다.
라는 판결을 구합니다.

청 구 원 인

1. 원고와 피고는 20○○년 ○○월 ○○일에 혼인신고를 필한 법
   률상 부부로서 슬하에 ○남 ○녀를 두고 지내왔습니다.
2. 원고는 혼인 후 피고 등과 함께 지내던 중 피고가 혼수를 적
   게 해왔다는 이유로 원고 및 원고의 친정부친에 대해 모욕적
   인 언행을 서슴치 않더니 급기야는 사소한 문제를 들어 원고
   를 마구 구타하기 시작하였습니다. 이로 인해 원고는 심한 모
   욕감에 시달렸으나 자녀들을 생각하여 참고 지내왔습니다.
3. 그러나 피고의 구타 및 모욕적인 언행은 그칠 줄을 모르고 더
   욱 심해져 20○○년 ○월 ○일 술을 먹고 들어와서는 아무런
   이유 없이 원고를 마구 구타하여 원고에게 전치 ○주의 상해를
   입히고 또한 이를 말리던 원고의 친정 부친을 폭행하였습니다.
4. 이후에도 피고는 사소한 문제를 가지고 원고를 폭행하여 마침내
   피고의 모욕적인 언행 및 심한 폭행을 견디지 못한 원고는 친

정으로 피신을 하게 되었습니다.

5. 위에서 본 바와 같이 피고의 이러한 일련의 행위들은 민법 제 840조 제3호의 '배우자로부터 심히 부당한 대우를 받았을 때' 및 같은 조 제6호의 '기타 혼인을 지속할 수 없는 중대한 사유가 있는 때'에 해당하여 재판상 이혼사유가 된다 할 것이며, 아울러 원.피고간의 혼인의 파탄책임은 전적으로 원고 및 원고의 가족들에게 부당한 대우를 한 피고에게 있다 할 것입니다.

6. 따라서 원고는 더 이상 피고와의 혼인생활을 지속할 수가 없어 부득이 원고의 이혼청구에 불응하고 있는 피고에게 이혼을 구하고자 이건 청구에 이르게 되었습니다.

입 증 방 법

1. 갑 제1호증   혼인관계증명서
1. 갑 제2호증   상해진단서
1. 갑 제3호증   인우보증서

첨 부 서 류

1. 위 입증방법   각 1통
1. 소장부본   1통
1. 납부서   1통

20○○년   ○월   ○일

위 원 고   ○   ○   ○ (인)

○ ○ 가 정 법 원 귀 중

[서식 예] 이혼청구의 소(유기)

소   장

원 고   ○ ○ ○ (주민등록번호)
     등록기준지 및 주소 : ○○시 ○○구 ○○길 ○○(우편번호)
피 고   리차드 ○ △△
         최후 국내 주소 : 불 명
         미국 상 주소 : 미합중국 오하이오주 ○○시 ○로
                (○st. ○○○, Ohio , U.S.A)

이혼청구의 소

청 구 취 지

1. 원고와 피고는 이혼한다.
2. 소송비용은 피고의 부담으로 한다.
라는 판결을 구합니다.

청 구 원 인

1. 혼인 경위
　원고는 다방 종업원으로 일하던 중 주한 미군인 미합중국 국
　적의 피고를 만나 결혼식은 올리지 않고 19○○. ○. ○. 혼
　인신고를 함으로써 법률상 부부가 되었고 그 사이에 자녀는
　없습니다.
2. 재판상 이혼 사유

가. 피고는 원고와 혼인한 후 집에도 잘 들어오지 않고 다른 여자들과 부정한 관계를 일삼다가 혼인한 지 약 1개월 정도 지난 19○○. ○월경 원고에게 아무런 말도 없이 미국으로 떠난 후, 지금까지 연락조차 없습니다.

나. 원고는 피고와 이혼하고 싶어도 소송을 제기할 여력이 없어 약 ○○년간 그대로 지냈으나, 이제라도 호적정리를 하고자 민법 제 840조 제2호 소정의 재판상이혼사유인 "악의의 유기"를 이유로 이 건 이혼청구를 합니다.

3. 재판관할권 및 준거법

가. 이 건 이혼청구는 피고가 미합중국 국적을 가지고 있어 섭외적 사법관계에 속한다고 할 것인바, 원고의 본국 및 주소지국이 대한민국이고 위에서 기재한 바와 같이 피고가 원고를 유기하고 있으므로 이 사건에 대한 재판관할권은 대한민국에 있다고 할 것입니다. (첨부한 하급심 판결 ○○가정법원 ○○ 드 ○○○○○호 참조) 그리고 피고의 보통재판적이 국내에 없으므로 대법원 소재지의 가정법원인 귀원에 그 관할권이 있다 할 것입니다.

나. 또한 위 하급심판결에 의하면 미합중국의 경우 판례와 학설에 의하여 인정된 이혼에 관한 섭외사법의 일반원칙에 따르면 부부 일방의 주소지에 재판관할권이 인정됨과 동시에 그 법정지법이 준거법으로 인정되고 있다는 것이므로, 이 건 소송은 원고가 출생이래 지금까지 계속 영주의 의사로 대한민국에 주소를 가지고 있으므로 대한민국 민법이 준거법이 된다 할 것입니다.

4. 공시송달신청

피고는 19○○년경 본국인 미합중국으로 귀국한 것으로 보이나 (약 ○○년전 일이고, 원고는 피고의 인적사항을 정확히 알고 있지 않아 출입국 증명원은 발급을 받을 수 없음) 원고는 피고의 미국 주소를 불명확하여 그 주소로 송달해도 송달이 불가능한 상태이므로 민법 제179조에 의해 공시송달하여 주실 것을 신청합니다.

입 증 방 법

1. 갑 제 1호증   혼인관계증명서
1. 갑 제 2호증   주민등록초본
1. 갑 제 3호증   사실확인서

첨 부 서 류

1. 소장 부본   1통
1. 위 각 입증방법   각 1통
1. 참고자료 (하급심 판결)   1통
1. 위임장   1통
1. 납부서   1통

20○○년 ○월 ○일.

위 원고   ○ ○ ○ (인)

○ ○ 가 정 법 원 귀 중

협의이혼과 재산문제

■ 위자료의 청구

★ 배우자의 책임 있는 사유로 이혼에 이른 경우에 그로 인해 입은 정신
적 고통에 대한 배상, 즉 위자료를 상대 배우자에게 청구할 수 있다.

★ 협의이혼을 할 때 부부간 재산문제 합의 여부는 법원의 확인사항
이 아니므로 협의이혼 시 위자료에 관해 합의되지 않더라도 이혼
하는 것이 가능하며, 이혼 후 법원에 위자료청구소송을 제기해서
위자료 문제를 다툴 수 있다. 이혼 시 위자료 외에도 재산분할,
자녀양육 등에 관해 합의되지 않은 사항이 있다면 이를 함께 청
구하는 것이 소송경제상 유리할 것이다.

★ 이 위자료청구권은 그 손해 또는 가해자를 안 날로부터(통상 이혼
한 때부터) 3년 이내에 행사하지 않으면 시효로 인해 소멸한다.

■ 재산분할의 청구

★ 이혼으로 인해 부부공동생활이 해소되는 경우에 혼인 중 부부가
공동으로 형성한 재산에 대한 분할을 청구할 수 있다.

★ 협의이혼을 할 때 부부간 재산문제 합의 여부는 법원의 확인사항
이 아니므로 협의이혼 시 재산분할에 관해 합의되지 않더라도 이
혼하는 것이 가능하며, 이혼 후 법원에 재산분할청구심판을 청구
해서 재산분할 문제를 다툴 수 있습니다. 이혼 시 재산분할 외에
도 위자료, 자녀양육 등에 관해 합의되지 않은 사항이 있다면 이
를 함께 청구하는 것이 소송경제상 유리할 것이다.

★ 이 재산분할청구권은 이혼한 날로부터 2년을 경과하면 소멸한다.

[서식 예] 이혼, 위자료 및 재산분할청구의 소

소 장

원   고   ○ ○ ○(○ ○ ○)
          19○○. ○. ○.생
          등록기준지: ○○남도 ○○군 ○○면 ○○길 ○○
          주소 : ○○시 ○○구 ○○길 ○○
피   고   △ △ △(△ △ △)
          19○○. ○. ○○생
          등록기준지 : ○○남도 ○○군 ○○면 ○○길 ○
          주민등록상 주소 : ○○시 ○○구 ○○길 ○○
          현거소 : ○○시 ○○구 ○○길 ○○

이혼 등 청구의 소

청 구 취 지

1. 원고와 피고는 이혼한다.
2. 피고는 원고에게 재산분할로서 금 ○○○원을 지급하라.
3. 피고는 원고에게 위자료로 금 ○○○원 및 이에 대한 소장부
   본 송달 다음날부터 다 갚는 날까지 연 12%의 비율에 의한
   금원을 지급하라.
4. 소송비용은 피고의 부담으로 한다.
5. 제 2, 3항은 가집행할 수 있다.

라는 판결을 구합니다.

청 구 원 인

1. 원고와 피고는 19○○. ○.에 결혼식을 올리고 살다가 19○
   ○. ○. ○. 혼인신고를 한 법률상 부부로서 아들 □□□를
   두고 있습니다.
2. 재판상 이혼청구사유에 관하여
   가. 원고와 피고는 결혼 후 서로 믿고, 서로 도우며 행복하게
       살며 어떠한 고난도 이겨 나갈 수 있는 신뢰하는 부부로
       신혼의 꿈을 안고 살기 시작하였습니다. 그러나 피고는 결
       혼 후 얼마동안 지나면서부터 19○○년 여름부터 아무 이
       유없이 원고에게 시비를 걸어 사이다 상자로 원고의 얼굴
       을 때려 현재까지도 그 상처가 남아있습니다. 피고는 그
       후로부터는 아무 이유없이 원고를 폭행하여 왔으며 때로는
       식칼을 들고 원고를 죽여버리겠다고 하며 한달이 넘어라
       하고 상습적으로 원고를 구타하여 왔습니다. 그 뿐만 아니
       라 피고는 뭇 여성들을 사귀고 그 여자들에게 돈을 쓰며
       바람이 나서 다녔고, 원고가 가정에 충실할 것을 만날 적
       마다 애원하였으나 피고는 원고의 위와 같은 애원도 아랑
       곳하지 않고, 시간만 있으면 집을 나가서 여자를 만나고,
       노름을 하고, 집에 들어와서는 원고를 구타하였습니다.
       그리고 애를 못 낳는다고 구박을 하여 같이 병원에 갔으나
       남자에게 이상이 있다고 하여 시부모와 의논 끝에 19○○. ○.에
       □□□를 데려다가 길러 출생신고를 하였습니다.
   나. 그후 원고는 □□□를 위해 모든 노력을 하였으나 피고는
       아랑곳하지 않고 계속하여 노름을 하고, 여자들과 어울려

다니고, 원고를 폭행할 뿐만 아니라 아들 □□□가 5살이 되자 아들에게도 상습적으로 폭행을 하고 잘못하면 어린애를 연탄방에 몇시간씩 가두어 놓고 있습니다. 그리고 19○○년에는 원고에게 돈놀이하게 돈 ○○○원만 대출해 달라고 하여 원고가 농협에서 원고의 명의로 ○○○원을 대출받아 주었으나 돈놀이를 하다가 다 떼었다고 하면서 한푼도 갚지 않아 농협으로부터 원고 앞으로 원금과 연체료를 갚으라는 통고가 왔습니다. 그리고 원고가 가진 고생을 하여 19○○년에 집을 사고 ○월달에 입주하여 살고 있었으나 피고는 19○○년에 이 집이 재수 없다고 하며 집을 팔아야 된다고 우겨 집을 팔아 탕진해 버렸습니다.

다. 그 후 19○○년 여름에 이번에는 틀림없으니 돈 ○○○원만 얻어달라고 하여 없다고 하자 피고는 아들의 교육보험에 가입한 사실을 알고 교육보험에서 대출해 달라고 하여 아들 교육보험에서 금 ○○○원을 대출하여 주었으나 이를 바람 피우는데 다 써버리고 갚지 않고 있습니다.

원고 명의인 교보생명 연금보험에서 ○○○만원을 대출받아 주었는데 이것도 갚지 않고 있습니다. 이와 같이 위 돈을 피고가 꼭 갚아야 할 원고 명의의 채무입니다.

라. 원고는 피고가 날이 가면 가정에 충실하겠지 하고 오로지 □□□와 가정을 위해 참았으나 피고는 포악한 성격, 헤아릴 수 없는 구타, 도벽, 욕설 등을 계속하여 하였으며 모든 것을 용서하는 심정으로 참고 견디며 가정생활과 부부관계를 유지하려는 원고의 노력을 외면한 채 피고는 계속하여 방탕생활을 하고 조금도 뉘우치거나 가정에 충실치 않고 상습적으로 19○○. ○.까지 원고의 아들 □□□를 계속하여 구타하여 원고는 매를 이길 수가 없어서, 20○○. ○.

○. 아들을 집에 둔 채 집을 나왔습니다. 원고가 집을 나온 후 생계를 위하여 남에 집의 식모도 하고 모든 궂은 일을 다하여 생계를 이어오고 있습니다.

그래서 원고가 피고에게 이혼을 해 달라고 하자 피고는 가만히 있어도 자동이혼이 될텐데 열심히 돈이나 벌어라 하며 거절하였고, 피고는 원고의 배우자로서 한 가정의 가장으로서 한 가정을 이끌어 나가는데 주어진 의무를 다할 책임이 있다 하거늘 이를 무시하고 오히려 인간의 도리를 저버린 채 원고를 상습적으로 폭행하고 멸시하고 욕설하여 가정을 버렸습니다.

마. 더욱이 피고는 원고의 남편으로서 한 가정을 거느릴 의무를 저버린 채 이러한 비인간적 행동과 심히 도의에 어긋나는 상식밖의 행위를 계속함으로 부부 생활을 더 이상 계속할 수 없이 파탄에 이르게 하는 점에 대하여 인간사회에 모든 사람으로부터 비난을 면할 수 없을 것이라 생각되며 이러한 부도덕한 피고와의 부부관계를 유지하려는 노력을 계속하는 원고의 성의와는 달리 심히 부당한 대우를 하는 이상과 같은 피고의 행위는 원고로서는 인내에 한계점에 이르렀다 생각되어 차라리 이혼하고 홀로 일평생을 열심히 살아가는 것이 인간답게 사는 길이라 사료되어 이러한 결심을 하게 되었으나 피고는 현재도 어린 □□□를 상습적으로 계속하여 폭행하고 있습니다.

따라서 피고의 위에 본바와 같은 각 소위는 민법 제840조 제2,3,6호 소정의 배우자가 악의로 다른 일방을 유기 한때, 배우자로부터 심히 부당한 대우를 받았을 때, 기타 혼인을 계속하기 어려운 중대한 사유가 있을 때에 각 해당한다 할 것입니다.

3. 재산분할청구에 대하여
  가. 민법 제839조의2에 의하여 이혼당사자인 원고는 피고에게
    다음과 같이 재산분할청구권을 가집니다. 재산분할청구권
    의 성질에 대하여는 우리나라 다수설인 청산 및 부양설에
    서는 혼인생활 중 취득한 재산은 부부의 공유이고 이것을
    혼인해소시 청산하는 것이 재산분할청구권이며 이때 이혼
    후 부양청구권의 의미도 함께 내포된다고 하고 있습니다.
    그러므로 공동재산의 분할기준은 부부의 기여도 및 이혼후
    의 이혼당사자의 재산취득유무, 재혼의 가능성, 혼인중의
    생활정도, 자녀의 양육권 등이 고려되어야 할 것입니다.
  나. 기여도의 측면에서 볼 때, 원고는 19○○년 결혼할 당시
    성동구 자양동에 있는 부엌도 없는 단칸방 월세에서 출발
    하여 현재의 자산수준에 도달하는데 있어서 부동산 투자를
    통한 재산증식으로 부부공동재산을 형성하는데 기여하였습
    니다. 한편 피고는 별지목록 기재의 부동산을 소유하고 있
    으며(갑제 3호증) 위 부동산의 현재 시가는 금 ○○○원
    상당입니다. 피고는 그밖에도 ○○○○ 콘도회원권과 승용
    차가 1대를 가지고 있으나 원고는 이 사건 재산분할의 대
    상을 피고 소유의 위 부동산으로 한정하겠습니다.
  다. 그런데 위 부동산의 분할방법에 관하여 당사자 사이에 협
    의가 되지 아니하고 또한 협의가 불가능한 것이 현실이므
    로 원고는 현물분할이 아닌 금액분할을 구하는 것입니다.
    나아가 분할금액은 앞서 밝힌 제반사정에 비추어 볼 때 부
    동산 가액의 50%인 금 ○○○원 상당이 적절한 것이나 위
    부동산에 관한 시가감정을 기다려 그 금액을 확정하기로
    하고 우선 일부로서 금 ○○○원의 지급을 구합니다.

4. 위자료에 대하여

   피고는 결혼생활 ○○년 동안 원고에게 폭행을 가하고, 바람이 나서 돈을 헤프게 쓰는 등 피고의 귀책사유로 인하여 원, 피고가 이혼하게 되었으므로 이혼으로 인한 원고의 정신적, 육체적, 고통에 대하여도 위자하여야 할 것인바, 금액은 최소한 ○○○원 이상은 되어야 할 것입니다.

5. 위와 같은 사유로 청구취지 기재와 같은 판결을 받고자 본 청구에 이른 것입니다.

입 증 방 법

1. 갑 제1호증   혼인관계증명서
1. 갑 제2호증   가족관계증명서
1. 갑 제3호증의 1내지 2   각 주민등록등본
1. 갑 제4호증   등기사항전부증명서

첨 부 서 류

1. 위 입증방법   각 1통
1. 소장부본   1통
1. 소송위임장   1통
1. 납부서   1통

20○○.   ○.   ○.

위 원고   ○   ○   ○ (인)

○ ○ 가 정 법 원 귀 중

자녀에 대한 양육비 부담

■ 부부 공동 원칙

★ 자녀의 양육에 소요되는 비용은 부부가 공동으로 부담하는 것이 원칙이므로 이혼한 경우 양육자가 부모의 일방일 때에는 양육자가 아닌 다른 일방에게 상대방의 부담 몫만큼의 양육비를 청구할 수 있고, 양육자가 제3자일 때에는 부모 쌍방에 대해 양육비를 청구할 수 있다.

★ 일반적으로 양육비를 부담해야 하는 기간은 자녀가 성년(만 19세)이 되기 전까지이며, 구체적인 양육비는 부모의 재산상황이나 그 밖의 사정을 고려해서 정하게 된다.

■ 양육비의 청구(합의 또는 법원 청구)

★ 양육비는 이혼할 때 부부가 합의해서 정할 수 있으며, 합의가 이루어지지 않으면 법원에 청구해서 정할 수 있다. 지급받을 양육비를 미리 확정해 둘 필요가 있는 경우에는 양육자지정청구와 함께 장래의 이행을 청구하는 소송으로써 양육비지급청구를 동시에 할 수 있다.

★ 양육비지급청구는 부(父), 모(母) 또는 제3자가 양육자로 지정된 경우 그 양육자가 부모의 일방 또는 쌍방에 대해 할 수 있으며, 가정법원이 직권으로 양육비지급에 관해 정할 수도 있다.

★ 가정법원은 양육비청구사건을 위해 특히 필요하다고 인정하는 때에는 직권 또는 당사자의 신청에 의해 당사자에게 재산상태를 명

시한 재산목록을 제출하도록 명할 수 있다. 재산목록의 제출 명령을 받은 사람이 정당한 사유 없이 재산목록의 제출을 거부하거나 거짓의 재산목록을 제출한 때에는 1천만원 이하의 과태료를 부과하게 된다.

★ 가정법원은 재산명시절차에 따라 제출된 재산목록만으로는 양육비청구사건의 해결이 곤란하다고 인정할 경우에 직권 또는 당사자의 신청에 의해 개인의 재산 및 신용에 관한 전산망을 관리하는 공공기관·금융기관·단체 등에 당사자 명의의 재산에 관해 조회할 수 있다. 조회를 받은 기관·단체의 장이 정당한 사유 없이 거짓 자료를 제출하거나 자료의 제출을 거부한 때는 1천만원 이하의 과태료를 부과하게 된다.

■ **양육비 지급 방법**
양육비를 지급받는 방법과 형식에는 제한이 없다. 따라서 일시에 정액으로 지급받을 수도 있고, 분할해서 받을 수도 있다. 또한 금전으로 받을 수도 있고 부동산 등 실물로 받을 수도 있다.

■ **양육비의 변경**
★ 사정 변경
양육비에 관한 사항을 정한 후 사정이 변경된 경우에는 당사자가 합의해서 양육비를 변경할 수 있고, 합의가 이루어지지 않으면 법원에 심판을 청구해서 양육비를 변경할 수 있다.

★ 양육비 감액청구를 할 수 있는 경우
양육비 부담자가 실직, 파산, 부도나 그 밖의 사정 등으로 경제

사정이 악화된 경우에는 양육비 감액을 청구할 수 있다. 또한, 양육자가 취직하거나 그 밖의 사정 등으로 경제사정이 호전된 경우 역시 양육비 감액을 청구할 수 있다.

★ 양육비 증액청구를 할 수 있는 경우

물가가 양육비 협의 또는 지정 당시보다 오른 경우, 자녀가 상급 학교에 진학함에 따라 학비가 증가한 경우 등에는 양육비 증액을 청구할 수 있다.

양육비 지급의 이행 강제 방법

■ 양육비 지급 이행 강제 방법

양육비를 지급받지 못하는 경우에는 양육비 직접지급명령제도와 담보제공 및 일시금지급명령제도, 이행명령 및 강제집행 등의 방법으로 양육비 지급을 강제할 수 있다.

■ 양육비 지급 이행 강제 지원

★ 양육비 채권자는 합의 또는 법원의 판결에 의해 확정된 양육비를 양육비 채무자로부터 지급받지 못할 경우 양육비이행관리원에 다음과 같은 양육비 이행확보에 필요한 법률지원을 신청할 수 있다.
  - 재산명시 또는 재산조회 신청
  - 양육비 직접지급명령 신청
  - 양육비 담보제공명령 신청
  - 양육비 이행명령 신청
  - 압류명령 신청
  - 추심 또는 전부명령 신청
  - 감치명령 신청 등

★ 또한, 양육부·모는 양육비이행관리원에 지급받을 금전, 그 밖에 채무자의 재산에 대한 추심지원을 신청할 수 있다.

■ 한시적 양육비 긴급지원

★ 양육비 청구 및 이행확보를 위한 법률지원 등을 신청한 양육비 채권자는 양육비 채무자가 양육비 채무를 이행하지 않아서 자녀의 복리가 위태롭게 되었거나 위태롭게 될 우려가 있는 경우에는 양육비이행관리원에 한시적 양육비 긴급지원을 신청할 수 있다.

★ 지원대상자가 다음의 어느 하나에 해당하는 경우 최대 9개월(추가 지원이 필요한 경우 3개월의 범위에서 연장 가능)까지 긴급지원을 받을 수 있다.

- 양육비 채권자가 속한 가구의 소득이 국민기초생활 보장법 제2조 제11호에 따른 기준 중위소득의 100분의 50 이하인 경우
- 양육비 채권자가 한부모가족지원법 제5조 및 제5조의2에 따른 지원대상자로서 여성가족부장관이 정하여 고시하는 기준에 해당하는 경우

★ 다만, 지원대상자가 국민기초생활 보장법 및 긴급복지지원법에 따라 동일한 내용의 보호를 받고 있는 경우에는 그 범위에서 양육비 이행확보 및 지원에 관한 법률에 따른 긴급지원을 받지 못하고, 양육비 채무자가 양육비를 지급하면 그 즉시 긴급지원이 종료된다.

■ 양육비 직접 지급명령

★ 가정법원은 양육비를 정기적으로 지급할 의무가 있는 사람(이하 "양육비채무자"라 함)이 정당한 사유 없이 2회 이상 양육비를 지급하지 않은 경우에 정기금 양육비 채권에 관한 집행권원을 가진 채권자(이하 "양육비채권자"라 함)의 신청에 따라 양육비채무

자에 대하여 정기적 급여채무를 부담하는 소득세원천징수의무자
(이하 "소득세원천징수의무자"라 함)에게 양육비채무자의 급여에
서 정기적으로 양육비를 공제하여 양육비채권자에게 직접 지급
하도록 명할 수 있다.

★ 양육비 직접지급명령신청은 신청서에 다음 사항들을 적고 집행력
  있는 정본을 붙여서 한다.
  - 양육비채권자·양육비채무자·소득세원천징수의무자와 그 대리인,
    미성년자인 자녀의 표시
  - 집행권원의 표시
  - 2회 이상 양육비가 지급되지 않은 구체적인 내역과 직접지급을
    구하고 있는 기한이 도래하지 않은 정기금 양육비 채권의 구
    체적인 내용
  - 집행권원에 표시된 양육비 채권의 일부에 관하여만 직접지급
    명령을 신청하거나 목적채권의 일부에 대하여만 직접지급명령
    을 신청하는 때에는 그 범위

★ 당사자 또는 관계인이 정당한 이유없이 양육비 직접지급명령에
  위반한 경우, 가정법원·조정위원회 또는 조정담당판사는 직권 또
  는 권리자의 신청에 의하여 결정으로 1천만원 이하의 과태료에
  처할 수 있다.

★ 가정법원은 양육비 직접지급명령의 목적을 달성하지 못할 우려가
  있다고 인정할 만한 사정이 있는 경우에는 양육비채권자의 신청
  에 따라 양육비 직접지급명령을 취소할 수 있으며, 이 경우 양육
  비 직접지급명령은 장래에 향하여 그 효력을 잃는다.

★ 가정법원은 양육비 직접지급명령이나 그 취소명령을 양육비채무

자와 소득세원천징수의무자에게 송달하여야 한다.

★ 양육비 직접지급명령 또는 그 취소명령의 신청에 관한 재판에 대하여는 재판을 고지받은 날부터 1주 이내에 그 재판을 한 가정법원에 항고장을 제출하여 즉시항고를 할 수 있다.

[서식 예] 양육비 직접지급명령 신청서

양육비 직접지급명령 신청서

신청인(채권자) 성명 :   (☎ :   )
     주민등록번호 :
     주   소 :
     송 달 장 소 :
피신청인(채무자) 성명 :
     주민등록번호 :
     주   소 :
소득세원천징수의무자 :
     주 소 :
     대표자 :

신 청 취 지

채무자의 소득세원천징수의무자에 대한 별지 압류채권목록 기재의 채권을 압류한다.
소득세원천징수의무자는 채무자에게 위 채권에 관한 지급을 하여

서는 아니 된다.

채무자는 위 채권의 처분과 영수를 하여서는 아니 된다.

소득세원천징수의무자는 매월   일에 위 채권에서 별지 청구채
권목록 기재의 양육비 상당액을 채권자에게 지급하라.

라는 결정을 구함

청구채권 및 그 금액 : 별지 청구채권목록 기재와 같음

신 청 이 유
(신청사유를 구체적으로 기재)

첨 부 서 류

1. 집행력 있는 정본   1통
2. 송달(확정)증명서   1통
3. 채무자의 주민등록표등(초)본   1통
4. 소득세원천징수의무자의 자격증명서류(법인인 경우 법인등기
   사항전부증명서 등)   1통

20   .   .   .

신청인(채권자) :   (서명 또는 날인)

서울○○법원 귀중

☞ 유의사항
1. 송달료는 당사자 1인당 3회분을 송달료취급은행에 납부 후 납부서를
   첨부하여야 합니다.

2. 수입인지 2,000원을 붙여야 합니다.
3. 채권자는 2회 이상 양육비가 지급되지 않은 구체적인 내역과 직접
   지급을 구하고 있는 기한이 도래하지 아니한 정기금 양육비 채권
   의 구체적인 내용을 기재하여야 합니다.
4. 집행력 있는 정본은 확정된 종국판결(심판), 가집행선고 있는 종국
   판결(심판), 조정조서, 양육비부담조서 등이 있습니다.
5. 채무자의 성명과 주소 외에도 소속부서, 직위, 주민등록번호, 군번
   /순번(군인/군무원의 경우) 등 채무자를 특정할 수 있는 사항을
   기재하시기 바랍니다.
6. ☎ 란에는 연락 가능한 휴대전화번호(전화번호)를 기재하시기 바랍니다.

<별지>
청구채권목록

(집행권원 :   법원   호   사건의   )에 표시된
정기금 양육비채권 중 아래 금원 및 집행비용
1. 정기금 양육비채권
   (1) 미성년자   (. . .생)에 대한 양육비 : 20 . . .
       부터 20 . . .까지 월   원씩 매월   일에 지급하
       여야 할 양육비 중 이 사건 양육비 직접지급명령 송달 다
       음날 이후 지급기가 도래하는 양육비
   (2) 미성년자   (. . .생)에 대한 양육비 : 20 . . 부
       터 20 . . .까지 월   원씩 매월   일에 지급하여
       야 할 양육비 중 이 사건 양육비 직접지급명령 송달 다음
       날 이후 지급기가 도래하는 양육비
2. 집행비용 : 금   원
   신청수수료 2,000원
   신청서 작성 및 제출비용   원
   송달비용   원
   자격증명서교부수수료   원
   송달증명서신청수수료   원   -끝-

<별지>

압류채권목록

양육비채무자(   )가 소득세원천징수의무자로부터 지급받는
다음의 채권으로서 별지 청구채권목록 기재 금액에 이르기까지
의 금액. 다만, 별지 청구채권목록 기재 1의 (1) 및 (2)의 금액에
대하여는 그 정기금 양육비의 지급기가 도래한 후에 지급기(급
여지급일)가 도래하는 다음의 채권에 한함

다   음

1. 매월 수령하는 급료(본봉 및 제수당) 중 제세공과금을 뺀 잔
   액의 1/2씩
2. 기말수당(상여금) 중 제세공과금을 뺀 잔액의 1/2씩
   ※ 다만, 국민기초생활보장법에 의한 최저생계비를 감안하여
   민사집행법 시행령이 정한 금액에 해당하는 경우에는 이를
   제외한 나머지 금액, 표준적인 가구의 생계비를 감안하여 민
   사집행법 시행령이 정한 금액에 해당하는 경우에는 이를 제
   외한 나머지 금액

■ 담보제공 및 일시금지급명령

★ 가정법원은 양육비를 정기금으로 지급하게 하는 경우 그 이행을
확보하기 위하여 또는 양육비채무자가 정당한 사유 없이 그 이행
을 하지 않는 경우에 양육비채무자에게 상당한 담보의 제공을 명
할 수 있다.

★ 양육비채무자가 정당한 사유 없이 그 이행을 하지 않아 담보제공
을 요구하는 신청을 하는 경우, 양육비 채권자는 다음 사항들을 적
고 신청인 또는 대리인이 기명날인 또는 서명한 신청서를 미성년
자인 자녀의 보통재판적이 있는 곳의 가정법원에 제출해야 한다.

- 신청인, 피신청인과 그 대리인, 미성년자인 자녀의 표시
- 집행권원의 표시 및 내용
- 채무자가 이행하지 않는 금전채무액 및 기간
- 신청취지와 신청사유

★ 양육비채무자는 위 담보제공명령에 대하여 재판을 고지받은 날부터 1주 이내에 즉시항고를 할 수 있다.

★ 즉시항고에는 담보제공명령의 집행을 정지시키는 효력이 있다.

★ 양육비채무자가 정당한 이유없이 담보제공명령에 위반한 경우에는 가정법원·조정위원회 또는 조정담당판사는 직권 또는 권리자의 신청에 의하여 결정으로 1천만원 이하의 과태료에 처할 수 있다.

★ 양육비채무자가 담보를 제공하여야 할 기간 이내에 이를 제공하지 않는 경우에는 가정법원은 양육비채권자의 신청에 의하여 양육비의 전부 또는 일부를 일시금으로 지급하도록 명할 수 있다.

★ 양육비의 일시금 지급을 요구하는 신청은 다음의 사항들을 적고 신청인 또는 대리인이 기명날인 또는 서명한 서면으로 한다.
- 신청인, 피신청인과 그 대리인, 미성년자인 표시
- 집행권원의 표시 및 내용
- 담보제공명령의 표시 및 내용
- 신청취지와 신청사유

★ 양육비의 일시금 지급명령을 받은 자가 30일 이내에 정당한 사유 없이 그 의무를 이행하지 않은 경우 가정법원은 양육비채권자의 신청에 의하여 결정으로 30일의 범위내에서 그 의무이행이 있을 때까지 의무자를 감치에 처할 수 있다.

★ 여성가족부장관은 양육비 채무 불이행으로 인하여 가사소송법 제

68조제1항제3호에 따른 감치명령 결정을 받았음에도 불구하고 양육비 채무를 이행하지 아니하는 양육비 채무자 중 다음에 해당하는 사람에 대하여 위원회의 심의·의결을 거쳐 법무부장관에게 출입국관리법 제4조제3항에 따라 출국금지를 요청할 수 있다.

- 양육비 채무가 5천만원 이상인 사람
- 양육비 채무가 3천만원 이상인 상태에서 출국금지 요청일을 기준으로 최근 1년간 국외 출입 횟수가 3회 이상이거나 국외 체류 일 수가 6개월 이상인 사람

★ 여성가족부장관은 양육비 채무의 이행, 양육비 채무자의 재산에 대한 강제집행 등으로 출국금지 사유가 해소된 경우에는 즉시 법무부장관에게 출국금지의 해제를 요청해야 한다.

★ 위 감치결정에 대해서는 즉시항고를 할 수 있다.

■ **이행명령**

★ 이행명령이란?

이행명령이란 가정법원의 판결·심판·조정조서·조정에 갈음하는 결정 또는 양육비부담조서에 따라 금전의 지급 등 재산상의 의무, 유아의 인도(引渡)의무 또는 자녀와의 면접교섭허용의무를 이행해야 할 의무자가 정당한 이유 없이 그 의무를 이행하지 않는 경우에는 당사자의 신청에 의해 가정법원이 일정한 기간 내에 그 의무를 이행할 것을 명하는 것을 말한다.

★ 양육비 지급의무 불이행에 대한 이행명령 신청

상대방이 양육비를 지급하지 않는 경우에는 양육비 지급을 명한 판결·심판 또는 조정을 한 가정법원에 이행명령을 신청해서 상대

방이 양육비지급의무를 이행할 것을 법원이 명하도록 할 수 있다.

■ **이행명령 불이행에 대한 제재**

양육비를 지급해야 할 의무자가 이행명령을 받고도 양육비를 지급하지 않는 경우 가정법원은 다음의 방법으로 그 이행을 강제할 수 있다.

★ 과태료 부과

의무자가 양육비 지급 이행명령을 받고도 정당한 이유 없이 양육비를 지급하지 않으면 가정법원·조정위원회 또는 조정담당판사는 직권 또는 권리자의 신청에 의해 결정으로 1천만원 이하의 과태료를 부과할 수 있다.

★ 감치(監置)

① 양육비 채무 불이행으로 인하여 감치명령 결정을 받았음에도 불구하고 양육비 채무를 이행하지 않은 경우에는 양육비 채권자의 신청에 의하여 위원회의 심의·의결을 거쳐 다음의 정보를 공개일부터 3년간 공개할 수 있다.

- 양육비 채무자의 성명, 나이 및 직업
- 양육비 채무자의 주소 또는 근무지(도로명주소법 제2조제5호의 도로명 및 같은 조 제7호의 건물번호까지로 한다)
- 양육비 채무 불이행기간 및 양육비 채무액

② 다만, 다음의 경우에는 정보를 공개하지 않는다.

- 양육비 채무자가 사망하거나 민법 제27조에 따라 실종선고를 받은 경우
- 양육비 채무자가 양육비 채무액 중 절반 이상을 이행하고 나머지 금액에 대하여 이행계획을 제출하여 위원회가 명단

공개 대상에서 제외할 필요가 있다고 인정하는 경우
- 양육비 채무자가 채무자 회생 및 파산에 관한 법률에 따른 회생절차개시 결정을 받거나 파산선고를 받은 경우
- 위원회가 인적사항 등을 공개할 실효성이 없다고 인정하는 경우

③ 감치명령 결정을 받았음에도 불구하고 정당한 사유 없이 감치명령 결정을 받은 날부터 1년 이내에 양육비 채무를 이행하지 아니한 사람은 1년 이하의 징역 또는 1천만원 이하의 벌금에 처해진다. 다만, 피해자의 명시한 의사에 반하여 공소를 제기할 수 없다.

④ 감치란?
감치란 법원의 명령 등을 위반한 의무자에 대해 권리자가 감치에 처하는 재판을 신청해서 법원의 결정으로 의무자를 경찰서유치장, 교도소 또는 구치소 등 감치시설에 구인(拘引)하는 것을 말한다. 의무자가 감치 중에 그 의무를 이행하면 감치가 종료되어 석방된다.

■ **강제집행**

★ 강제집행이란?
강제집행이란 상대방이 채무를 이행하지 않은 경우에 국가권력에 의해 강제적으로 그 의무의 이행을 실현하는 것을 말한다. 예를 들어, 양육비지급의무를 이행해야 할 의무자가 양육비를 지급하지 않는 경우에 권리자가 그 의무자의 부동산을 강제경매해서 양육비로 충당하는 방법이 가능하다.

★ 양육비 지급의무 불이행에 대한 강제집행 신청

상대방이 양육비를 지급하지 않는 경우에는 집행권원(예를 들어 판결, 조정조서, 화해조서 등)을 근거로 강제집행을 할 수 있다는 집행문을 부여받아 상대방 재산에 강제집행을 신청해서 경매처분을 통해 양육비를 받을 수 있다.

양육자가 아닌 부모의 자녀에 대한 면접교섭권

■ 면접교섭권이란?

★ 이혼 후 자녀를 직접 양육하지 않는 부모 일방과 자녀는 상호 면접교섭할 수 있는 권리를 가진다.

★ 면접교섭에는 직접적인 만남, 서신교환, 전화통화, 선물교환, 일정기간의 체재(예를 들어, 주말동안의 숙박) 등 다양한 방법이 활용될 수 있다.

★ 이혼 후 자녀를 직접 양육하지 않는 부모의 직계존속은 그 부모 일방이 사망하였거나 질병, 외국거주, 그 밖에 불가피한 사정으로 자녀를 만나볼 수 없는 경우 가정법원에 자녀와의 면접교섭을 청구할 수 있다. 이 경우, 가정법원은 자녀의 의사(意思), 면접교섭을 청구한 사람과 자녀와의 관계, 청구의 동기, 그 밖의 사정을 참작해서 면접교섭의 허용여부를 결정하게 된다.

■ 면접교섭의 제한·배제

면접교섭권의 행사는 자녀의 복리를 우선적으로 고려해서 이루어져야 한다. 따라서 자녀가 부모를 만나기 싫어하거나 부모가 친권상실 사유에 해당하는 등 자녀의 복리를 위해 필요한 경우에는 당사자의 청구 또는 가정법원의 직권에 의해 면접교섭이 제한되거나 배제, 변경될 수 있다.

■ 면접교섭에 관한 심판청구

면접교섭의 행사방법과 범위에 대해서는 부부가 합의해서 정하고, 합의가 이루어지지 않으면 가정법원에 심판을 청구해서 정할 수 있다.

■ 재혼 후 친양자(親養子) 입양과 면접교섭권

이혼한 부모가 재혼해서 자녀를 친양자(親養子)로 입양한 경우에는 친생(親生)부모의 면접교섭권이 더 이상 인정되지 않는다. 친양자는 재혼한 부부의 혼인 중의 출생자로 보아, 입양 전의 친족관계가 종료되기 때문이다.

[서식 예] 면접교섭허가 심판청구서

면 접 교 섭 허 가 심 판 청 구

청 구 인 ○ ○ ○(주민등록번호)
　　　　　등록기준지 ○○시 ○○구 ○○길 ○○
　　　　　주소 ○○시 ○○구 ○○길 ○○(우편번호)
　　　　　전화 ○○○ - ○○○○
상 대 방 □ □ □ (주민등록번호)
　　　　　등록기준지 ○○시 ○○구 ○○길 ○○
　　　　　주소 ○○시 ○○구 ○○길 ○○(우편번호)
　　　　　전화 ○○○ - ○○○○
사건본인 ◇ ◇ ◇ (주민등록번호)
　　　　　등록기준지 ○○시 ○○구 ○○길 ○○
　　　　　주소 ○○시 ○○구 ○○길 ○○(우편번호)

전화 ○○○ - ○○○○

면접교섭허가심판청구

<h2 style="text-align:center">청 구 취 지</h2>

1. 청구인은 매월 첫째 일요일 오전 ○○시부터 오후 ○○시까지 사이의 시간동안 청구인의 주소지에서 사건본인을 만날 수 있다.
2. 상대방은 청구인과 사건본인의 면접이 원만히 이루어지도록 협조하여야 하고 이를 방해해서는 아니된다.
3. 심판비용은 상대방의 부담으로 한다.

라는 심판을 구합니다.

<h2 style="text-align:center">청 구 원 인</h2>

1. 청구인과 상대방은 20○○. ○. ○. 혼인신고를 마치고 부부로서 20○○. ○. ○. 아들인 사건본인 ◇◇◇을 출산하였습니다.
2. 청구인은 상대방의 부정행위를 원인으로 하여 이혼소송을 제기하여 1심에서 승소하고 상대방이 항소하였으나 재산분할청구부분 이외에는 1심대로 청구인 승소판결이 선고되어 위 판결은 20○○. ○. ○. 확정되었습니다.
3. 청구인은 위 판결 1심에서 양육자지정신청도 같이 하였으나 상대방이 사건본인의 양육을 고집하여 청구인은 양육자지정신청부분은 취하하고 그 부분에 대해서는 상대방과 협의하여 상대방이 친권자 및 양육자로 지정되었습니다.
4. 그런데 청구인이 20○○. ○월 초순경 상대방에게 사건본인을 한 달에 한 번이라도 만나게 해 달라고 간청하였으나 상대방

은 청구인이 양육자가 아니라는 이유로 청구인으로 하여금 사
건본인을 만나지 못하도록 하여 결국은 사건본인을 만나지 못
하고 되돌아오고 말았습니다.

5. 이 후로도 상대방은 청구인이 사건본인을 만나지 못하도록 하
고 있습니다. 재혼의사가 없는 청구인은 사건본인이 보고 싶
어 잠 못 이루는 나날이 반복되고 있으며, 사건본인 또한 청
구인을 상당히 보고 싶어 하고 있습니다.

6. 청구인은 위와 같은 사정으로 한 달에 한 번은 사건본인을 면
접교섭 할 수 있기를 바라며 이에 이 심판청구에 이르게 된
것입니다.

첨 부 서 류

1. 가족관계증명서(청구인)   1통
1. 주민등록등본(청구인)   1통
1. 판결문(사본)   1통
1. 기타(소명자료)

20○○년 ○월 ○일
위 청구인 ○ ○ ○ (인)

○○ 가 정 법 원   귀중

▼ 상속에 대한 생활법률 ▼

"상속(相續)"이란 사람이 사망한 경우 그가 살아있을 때의 재산상의 지위가 법률의 규정에 따라 특정한 사람에게 포괄적으로 승계되는 것을 말한다.

상속의 개념 및 대상

■ 상속의 개념

★ "상속(相續)"이란 사람이 사망한 경우 그가 살아있을 때의 재산상의 지위가 법률의 규정에 따라 특정한 사람에게 포괄적으로 승계되는 것을 말한다.

★ "피상속인(被相續人)"이란 사망 또는 실종선고로 인하여 상속재산을 물려주는 사람을 말하며, "상속인(相續人)"이란 피상속인의 사망 또는 실종선고로 상속재산을 물려받는 사람을 말한다.

■ 상속의 대상

과거 시행되던 호주상속제도가 폐지되고, 현행법상으로는 재산상속만이 인정된다.

■ 상속의 개시

★ 피상속인의 사망으로 개시

① 상속은 사람(피상속인)의 사망으로 개시된다.

② 사람의 사망 시점은 생명이 절대적·영구적으로 정지된 시점을 말한다. 이에 관해 호흡, 맥박과 혈액순환이 멎은 시점을 사망시점으로 보는 것이 일반적이다.

③ 이와 별개로 실종선고를 받은 사람도 사망한 것으로 보아 상속이 개시된다. "실종선고(失踪宣告)"란 부재자(不在者)의 생사(生死)가 5년간 분명하지 않은 때에 이해관계인이나 검사의

청구에 의하여 가정법원이 행하는 심판을 말한다.

★ 상속이 개시되는 장소

상속은 피상속인의 주소지에서 개시된다. 따라서 피상속인이 자신의 주소지 이외의 장소에서 사망하더라도 그 주소지에서 상속이 개시된다.

■ **다음 사람도 상속인이 될 수 있다.**

- 태아(胎兒)
- 이성동복(異姓同腹)의 형제
- 이혼 소송 중인 배우자
- 인지(認知)된 혼외자(婚外子)
- 양자(養子), 친양자(親養子), 양부모(養父母), 친양부모(親養父母)
- 양자를 보낸 친생부모(親生父母)
- 북한에 있는 상속인
- 외국국적을 가지고 있는 상속인

■ **다음과 같은 사람은 상속인이 될 수 없다.**

- 적모서자(嫡母庶子)
- 사실혼(事實婚)의 배우자
- 상속결격 사유가 있는 사람
- 유효하지 않은 양자
- 친양자를 보낸 친생부모
- 이혼한 배우자

상속순위

■ 상속순위

★ 상속인은 다음과 같은 순위로 정해지고, 피상속인의 법률상 배우
  자는 피상속인의 직계비속 또는 피상속인의 직계존속인 상속인이
  있는 경우에는 이들과 함께 공동상속인이 되며, 피상속인의 직계
  비속 또는 피상속인의 직계존속인 상속인이 없는 때에는 단독으
  로 상속인이 된다.

순위	상속인	비고
1	피상속인의 직계비속 (자녀, 손자녀 등)	항상 상속인이 됨
2	피상속인의 직계존속 (부모, 조부모 등)	직계비속이 없는 경우 상속인이 됨
3	피상속인의 형제자매	1, 2 순위가 없는 경우 상속인이 됨
4	피상속인의 4촌 이내의 방계혈족 (삼촌, 고모, 이모 등)	1, 2, 3 순위가 없는 경우 상속인이 됨

배우자상속인 및 대습상속인

■ 배우자상속인

★ "배우자상속인"이란 상속인인 배우자를 말하며, 이때의 배우자는 법률상 혼인관계에 있는 사람일 것을 요한다. 따라서 사실혼 관계의 배우자는 상속인이 될 수 없다. 다만, 특별한 연고가 있는 경우 상속인이 없을 때에 한하여 상속재산을 분여(分與)받을 수 있을 뿐이다.

★ 배우자는 1순위인 직계비속과 같은 순위로 공동상속인이 되며, 직계비속이 없는 경우에는 2순위인 직계존속과 공동상속인이 된다. 한편, 직계비속과 직계존속이 모두 없는 경우에는 배우자가 단독상속인이 된다.

■ 배우자의 공동상속

배우자가 직계비속 또는 직계존속과 공동으로 상속한 경우에는 이들은 모두 공동상속인이 된다. 따라서 배우자와 직계비속 또는 직계존속은 각자의 상속분만큼 상속재산을 공유하게 된다.

■ 대습상속인

"대습상속인"이란 '상속인이 될 직계비속 또는 형제자매(피대습인)'가 상속개시 전에 사망하거나 결격자가 된 경우에 사망하거나 결격된 사람의 순위에 갈음하여 상속인이 되는 '피대습인의 직계비속 또는 배우자'를 말한다.

상속인이 될 수 없는 사람

■ 상속인이 될 수 없는 사람

★ 상속인이 될 수 없는 사람, 즉 '상속결격자(相續缺格者)'란 법이 정한 상속순위에 해당하지만 일정한 이유로 상속을 받지 못하는 사람을 말한다.

★ 상속을 받지 못하는 사람은 다음과 같다.
  - 고의로 직계존속, 피상속인, 그 배우자 또는 상속의 선순위나 동순위에 있는 사람을 살해하거나 살해하려고 한 사람
  - 고의로 직계존속, 피상속인과 그 배우자에게 상해를 가하여 사망에 이르게 한 사람
  - 사기 또는 강박으로 피상속인의 상속에 관한 유언 또는 유언의 철회를 방해한 사람
  - 사기 또는 강박으로 피상속인의 상속에 관한 유언을 하게 한 사람
  - 피상속인의 상속에 관한 유언서를 위조·변조·파기 또는 은닉한 사람

상속인에 따른 상속분 구분

■ 상속분이란?

"상속분(相續分)"이란 2명 이상의 상속인이 공동으로 상속재산을 승계하는 경우에 각 상속인이 승계할 몫을 말한다.

■ 배우자의 상속분

배우자의 상속분은 직계비속과 공동으로 상속하는 때에는 직계비속의 상속분에 5할을 가산하고, 직계존속과 공동으로 상속하는 때에는 직계존속의 상속분에 5할을 가산한다.

■ 대습상속인의 상속분

★ 사망 또는 결격된 사람에 갈음하여 상속인이 된 대습상속인의 상속분은 사망 또는 결격된 사람의 상속분에 의한다.

★ 사망 또는 결격된 사람의 직계비속이 여러 명인 때에는 그 상속분은 사망 또는 결격된 사람의 상속분의 한도에서 같은 순위의 상속인이 여러 명인 때에는 그 상속분은 동일한 것으로 하고, 배우자의 상속분은 직계비속과 공동으로 상속하는 때에는 직계비속의 상속분에 5할을 가산하고, 직계존속과 공동으로 상속하는 때에는 직계존속의 상속분에 5할을 가산한다.

★ 한편, 대습상속인인 직계비속이 없는 경우에는 배우자가 단독으로 대습상속인이 되며, 피대습인의 상속분을 대습상속하게 된다.

■ 공동상속인의 상속분

같은 순위의 상속인이 여러 명인 때에는 그 상속분은 동일한 것으로
한다.

상속세의 납부

■ 신고 후 자진납부하는 경우

★ 상속인 또는 수유자는 산정된 자진납부세액을 상속개시일이 속하는 달의 말일부터 6개월 이내에 상속세의 과세표준가액 및 과세표준을 관할 세무서장에게 신고해야 한다.

★ 이 경우 상속세과세표준의 계산에 필요한 상속재산의 종류·수량·평가가액·재산분할 및 각종 공제 등을 입증할 수 있는 서류를 첨부해야 한다.

★ 상속세의 신고를 하는 사람은 신고기한 이내에 납세지 관할 세무관서·한국은행 또는 우체국에 납부해야 한다.

■ 결정고지를 통해 납부하는 경우

★ 납세의무자가 법정신고기한까지 국세의 과세표준 신고(예정신고 및 중간신고를 포함하며)를 하지 않은 경우에는 그 신고로 납부해야 할 세액에 다음의 구분에 따른 비율을 곱한 금액을 가산세로 납부해야 한다.

- 부정행위로 법정신고기한까지 세법에 따른 국세의 과세표준신고를 하지 않은 경우: 40%(국제거래에서 발생한 부정행위인 경우에는 60%)
- 그 밖의 경우: 20%

★ 법정납부기한 내에 상속세를 납부하지 않거나 납부한 세액에 미달한 경우에는 납부불성실가산세액을 가산하여 납부해야 한다.

★ 납부불성실가산세액의 계산방식은 다음과 같다.

- 납부하지 않은 세액 또는 미달한 세액 × 법정납부기한의 다음 날부터 자진납부일 또는 납세고지일까지의 기간 × 100,000분의 25/일

■ 공동상속인의 연대납부

★ 상속인과 수유자가 여러 명인 경우에는 산정된 상속세 산출세액을 그 상속인 또는 수유자가 받았거나 받을 재산이 차지하는 비율을 곱하여 계산한 금액를 각자가 실제 납부해야 한다.

★ 다만, 공동상속인 또는 수유자는 상속인 또는 수유자 각자가 받았거나 받을 재산을 한도로 연대하여 납부할 의무를 지므로, 다른 공동상속인 중에서 상속세를 체납하는 경우에는 나머지 공동상속인 등이 여전히 납세의무를 진다.

★ 또한, 공동상속인 중 1명이 모든 상속세를 납부한 경우에는 상속세를 납부하지 않은 공동상속인 등에게 자신이 납부하지 않은 세액에 대한 증여세가 부과되는 것은 아니다.

▼유언에 대한 생활법률▼

"유언(遺言)"이란 사람이 그가 죽은 뒤의 법률관계를 정하려는 생전의 최종적 의사표시로서 유언자의 사망으로 그 효력이 생긴다.

유언의 개념

■ "유언"이란?

★ "유언(遺言)"이란 사람이 그가 죽은 뒤의 법률관계를 정하려는 생전의 최종적 의사표시로서 유언자의 사망으로 그 효력이 생긴다.

★ 유언은 반드시 유언자 본인의 독립한 의사에 따라 행해져야 하는 행위로, 상대방의 수락을 필요로 하지 않는 단독행위이다.

★ 유언자는 자신의 의사에 따라 자유롭게 유언할 수 있고, 언제든지 이를 변경 또는 철회할 수 있다.

■ 법적인 의미의 유언

★ "법적인 의미의 유언"이란 유언자가 유언능력을 갖추고 법적 사항에 대해 엄격한 방식에 따라 하는 행위를 말한다.

★ 일반적으로 가족이나 친지에게 남기는 말이나 당부 등을 유언이라고 하기도 한다. 그러나 이는 법적 효력을 갖는 법적인 의미의 유언은 아니다. 따라서 이러한 내용의 유언서를 작성하더라도 이는 유언으로서의 법적 효력을 갖지 않는다.

★ 유언에 엄격한 방식을 요하는 것은 유언자의 진정한 의사를 명확히 하여 법적 분쟁과 혼란을 예방하기 위한 것이므로, 법이 정한 요건과 방식에 어긋난 유언은 그것이 유언자의 진정한 의사에 합치하더라도 무효이다.

자필증서에 의한 유언

■ "자필증서에 의한 유언"이란?

★ "자필증서에 의한 유언"이란 유언자가 직접 자필로 유언장을 작성하는 것을 말한다.

★ 자필증서에 의한 유언은 유언자가 그 전문과 연월일, 주소, 성명을 직접 쓰고(自書) 날인(捺印)해야 한다.

■ 자필증서에 의한 유언의 작성방법

★ 자필증서에 의한 유언장을 작성하기 위해서는 유언장 전문(全文)을 직접 써야(自書) 한다.

- 따라서 타인이 대필한 경우에는, 비록 유언자가 구술하였다거나 승인한 것이라 하더라도 직접 쓴 것이 아니므로 자필증서에 의한 유언으로서의 효력이 없다.

- 타자기나 워드 프로세서 등의 문서작성기구를 이용해서 작성된 것도 직접 쓴 것이 아니어서 자필증서에 의한 유언으로서의 효력이 없다.

- 자기의 손으로 직접 종이의 표면 등에 문자를 적어야 하므로 복사한 것도 자필증서에 의한 유언으로서의 효력이 없다.

- 외국어나 속기문자도 가능하다.

★ 유언장의 작성일자를 직접 써야 한다.

- 유언의 성립시기를 명확하게 하기 위해서 유언자는 유언장의 작성 일자를 직접 써야 한다.

- 유언의 성립시기는 유언자가 유언능력 있는 상태에서 유언하였는지를 판단하는 기준시기가 되고, 여러 유언이 충돌하는 경우에 우선 순위를 정하는 기준이 된다.
- 작성의 연·월·일을 모두 기재해야 한다.

★ 연·월만 기재하고 일의 기재가 없는 자필유언증서의 효력
- 자필유언증서의 연월일은 이를 작성한 날로서 유언능력의 유무를 판단하거나 다른 유언증서와 사이에 유언 성립의 선후를 결정하는 기준일이 되므로 그 작성 일을 특정할 수 있게 기재하여야 한다. 따라서 연·월만 기재하고 일의 기재가 없는 자필유언증서는 그 작성일을 특정할 수 없으므로 효력이 없다.

★ 주소와 성명을 직접 써야 합니다.
- 유언자의 주소를 유언장에 직접 써야 한다. 이때 주소는 유언장의 작성지가 아니라 유언자의 주소를 말한다.
- 주소는 반드시 주민등록법에 따라 등록된 곳이 아니라도 생활의 근거되는 곳이면 된다.
- 유언자의 주소는 반드시 유언 전문과 동일한 종이에 기재해야 하는 것은 아니고, 유언증서로서 일체성이 인정되는 이상 그 전문을 담은 봉투에 기재해도 좋다.

★ 유언장에 유언자의 인장 또는 도장으로 날인(捺印)해야 한다.
- 날인하는 인장 또는 도장은 자신의 것이면 되고, 행정청에 신고한 인감이어야 하는 것은 아니다.
- 그 날인은 무인(拇印)에 의한 경우에도 유효하다.
※ "무인"이란 도장대신 손가락에 인주 따위를 묻혀 지문을 찍는 것으로 흔히 손도장 또는 지장이라고도 한다.

★ 유언자의 날인이 없는 유언장의 효력

　유언자의 날인이 없는 유언장은 자필증서에 의한 유언으로서의 효력이 없으므로, 자필증서의 방식으로 유언을 할 때에는 반드시 유언장에 날인해야 한다는 점을 유의해야 한다.

녹음유언

■ "녹음유언"이란?

★ 유언은 유언자의 유언의 취지 등을 구술하여 이를 녹음함으로써 할 수 있다.

★ 녹음에 의한 유언을 할 때에는 유언자가 유언의 취지, 그 성명과 연월일을 구술하고 이에 참여한 증인이 유언의 정확함과 그 성명을 구술한다.

■ 녹음유언의 방법

★ 유언자는 그의 육성으로 구술한 유언의 취지와 성명 그리고 연월일을 음향의 녹음장치나 기구로 녹음해야 한다.

★ 녹음은 음향을 음반, 테이프, 필름 등에 기록하는 것을 말한다. 카세트테이프에 녹음하거나, 비디오 동영상을 촬영하는 것도 녹음에 해당한다.

★ 유언자는 육성으로 유언의 취지, 그 성명과 연월일을 구술해야 한다.

★ 증인은 1명이면 되고, 녹음유언의 증인은 유언의 정확함과 그 성명을 구술해야 한다. 이때 증인은 유언의 정확함과 자기의 성명을 구술할 수 있고, 유언자의 동일성을 확인할 수 있을 정도의 청취능력과 이해·구술능력을 가지고 있어야 한다.

공정증서유언

■ "공정증서에 의한 유언"이란?

★ 유언은 공증인이 작성하는 공정증서로 행해질 수 있다.

★ "공정증서에 의한 유언"은 유언자가 증인 2명이 참여한 공증인의 면전에서 유언의 취지를 구수(口授)하고 공증인이 이를 필기낭독하여 유언자와 증인이 그 정확함을 승인한 후 각자 서명 또는 기명날인해야 한다. 즉, 공증인이 공정증서의 작성요령에 따라 유언장을 작성하는 것이 공정증서유언이다.

※ "공정증서"란 일반적으로 공무원이 직무상 작성하는 공문서 중 권리·의무에 관한 사실을 증명하는 효력을 갖는 것을 말한다.

★ 공정증서에 의한 유언은 다음과 같은 장점이 있다.

- 공정증서가 작성되면 이는 진정한 것으로 추정되므로, 다른 유언 방식에 비해 분쟁해결이 쉬워진다.

- 다른 유언방식과는 달리 유언자의 사망 후 유언장의 존재를 입증하는 법원에의 검인절차를 밟지 않아도 된다.

※ "유언의 검인(檢認)"이란 유언자의 최종의사를 확실하게 보존하고 그 내용을 이해관계인이 확실히 알 수 있도록 자필증서유언, 녹음유언, 비밀증서유언의 경우에 법원이 유언방식에 관한 모든 사실을 조사한 후 이를 확정하는 것을 말한다.

★ 다만, 공증인을 통해 유언을 하는 것이므로 제반 수수료를 유언자가 부담해야 한다.

■ **공정증서에 의한 유언의 방법**

★ 공정증서에 의한 유언을 하려는 사람은 증인 2명과 함께 공증인 앞에서 공정증서를 작성하면 된다.

★ 증인은 결격사유가 없어야 하고, 유언자가 유언을 시작할 때부터 증서작성이 끝날 때까지 참여해야 한다.

★ "공증인"이란 공증에 관한 직무를 수행할 수 있도록 법무부장관 으로부터 임명을 받은 사람과 법무부장관으로부터 공증인가를 받은 법무법인 등을 말한다.

■ **유언의 취지를 구수**

★ 유언자는 공증인의 앞에서 유언의 취지를 구수(口授)해야 한다. 구수란 입으로 말을 해서 상대방에게 전하여 그것을 기억하게 하는 것을 말한다.

★ 공증인이 유언자의 구술 내용을 필기해서 이를 유언자와 증인에게 낭독해야 한다. 이때 "필기"란 공증인이 유언자가 입으로 말한 것을 그대로 기록하는 것을 뜻하는 것이 아니므로 유언자가 말한 것의 취지를 표시하고 있으면 된다.

★ 유언자와 증인이 공증인의 필기가 정확함을 승인한 후 각자 서명 또는 기명날인해야 한다.

★ 만약 유언자와 증인의 승인이 없으면 무효이다.

★ 공증인은 증서가 위와 같은 방식에 따라 작성되었다는 것을 유언서에 부기하고 서명날인한다.

비밀증서유언

■ "비밀증서에 의한 유언"이란?

★ 유언자는 비밀증서의 방식으로 유언할 수 있다.

★ 이 방식은 진정으로 작성된 유언서가 존재한다는 것은 명확하게 해두지만, 유언내용은 유언이 효력을 발생할 때까지 비밀로 하기를 원하는 경우에 이용할 수 있다.

★ 비밀증서에 의한 유언은 유언자가 필자의 성명을 기입한 증서를 엄봉날인(嚴封捺印)하고 이를 2명 이상의 증인의 면전에 제출하여 자기의 유언서임을 표시한 후 그 봉서표면에 제출 연월일을 기재하고 유언자와 증인이 각자 서명 또는 기명날인해야 한다.

★ 비밀증서로 작성된 유언봉서는 그 표면에 기재된 날로부터 5일 내에 공증인 또는 법원서기에게 제출하여 그 봉인 상에 확정일자인을 받아야 한다.

■ 비밀증서유언의 방법

★ 유언의 취지 등 증서의 작성
유언의 취지와 그 필자의 성명을 기입한 증서를 작성해야 한다. 즉, 자필증서와 달리 비밀증서에 의한 유언은 타인이 필기해도 된다. 증인에게 그 필기를 부탁해도 좋다. 만약 타인이 필기한 경우 유언장 맨 아래에 필기자 라고 쓰고 서명한다.

★ 증서의 엄봉·날인
증서는 엄봉(嚴封)·날인(捺印)해야 한다. 증서를 엄봉한다는 것은 봉투에 넣거나 종이 등으로 싸서 이를 훼손하지 않고는 개봉할 수 없도록 굳게 봉하는 것을 말한다. "날인"이란 서류 등에 도장을 찍는 것을 말한다.

★ 증인

유언자는 2명 이상의 증인 앞에서 봉서를 제출하여 자기의 유언장임을 표시한 후 그 봉서의 표면에 제출 내지 제시한 연월일을 기재하고, 유언자와 증인이 각자 서명 또는 기명날인한다.

★ 확정일자인

유언봉서는 그 표면에 기재된 날 즉 제출 연월일로부터 5일 이내에 공증인 또는 법원서기에게 제출하여 그 봉인 위에 확정일자인을 받아야 한다.

■ **비밀증서유언의 흠결**

비밀증서에 의한 유언이 그 방식에 흠결이 있는 경우에 그 증서가 자필증서의 방식에 적합한 때에는 자필증서에 의한 유언으로 본다.

구수증서유언

■ "구수증서에 의한 유언"이란?

★ 유언자는 질병 그 밖에 급박한 사유가 있을 때 구수증서에 의한 유언을 할 수 있다.

★ 구수증서에 의한 유언은 질병 그 밖에 급박한 사유로 인하여 다른 방식에 따라 유언할 수 없는 경우에 유언자가 2명 이상의 증인의 참여로 그 1명에게 유언의 취지를 구수하고 그 구수를 받은 사람이 이를 필기낭독하여 유언자의 증인이 그 정확함을 승인한 후 각자 서명 또는 기명날인하는 것을 말한다.

★ 구수증서에 의한 유언을 한 경우에는 그 증인 또는 이해관계인이 급박한 사유가 종료한 날로부터 7일 내에 법원에 그 검인을 신청해야 한다.

★ 유언자가 피성년후견인인 경우에도 구수증서에 의한 유언을 하는 경우에는 예외적으로 의사가 심신회복의 상태를 유언서에 부기와 서명날인을 하지 않아도 된다.

■ 구수증서에 의한 유언의 방법

★ 급박한 사유

다른 방식에 따른 유언을 할 수 없을 정도로 급박한 사유가 있어야 한다. 이때 "급박한 사유"란 사망이 시간적으로 가까운 경우를 말한다. 즉 질병 등으로 위독한 상태를 말하며 본인이나 증인 그 밖에 주위 사람에 의해 위독하다고 판단되는 경우를 말한다.

구수유언은 유언자가 위독한 경우 등의 급박한 사유가 있을 때 하는 특별한 유언이므로 자필증서유언, 녹음유언, 공정증서유언, 비밀증서유언을 할 수 있는 경우에는 이 방식을 통해 유언할 수 없다.

★ 증인

구수증서에 의한 유언은 2명 이상의 증인이 참여해야 한다.

★ 구수 및 필기 낭독

유언자는 증인 1명에게 유언의 취지를 구수(口授)하고, 그 구수를 받은 자가 이를 필기 낭독해야 한다. 구수란 입으로 말을 해서 상대방에게 전하여 그것을 기억하게 하는 것을 말한다. 여기서 "유언취지의 구수"란 말로써 유언의 내용을 상대방에게 전달하는 것을 뜻하는 것이다.

★ 증인의 승인

유언자의 증인은 그 정확함을 승인한 후 각자 서명 또는 기명날인한다.

★ 검인 신청

구수증서에 의한 유언은 증인 또는 이해관계인이 급박한 사정이 종료한 날로부터 7일 이내에 법원에 그 검인을 신청해야 한다.

■ 검인절차

★ 구수증서에 의한 유언은 증인 또는 이해관계인이 급박한 사정이 종료한 날로부터 7일 이내에 가정법원에 그 검인을 신청해야 한다.

★ 검인은 민사소송에서 법관이 그의 감각작용에 의해 직접 사물의 성상을 검사·인식하여 증거자료로 하는 증거조사인 일종의 검증절차이다.

▼소액사건 재판에 대한

생활법률▼

소액사건재판이란 소송의 당사자가 소송에 의해 청구하는 금액이나 물건의 가치가 3,000만원을 초과하지 않는 소액사건에 대하여 다른 민사사건보다 간편하게 소를 제기하고 소송을 수행할 수 있게 하는 제도를 말한다.

소액사건재판의 개념

■ 소액사건재판의 개념

★ 소액사건재판이란 소송의 당사자가 소송에 의해 청구하는 금액이나 물건의 가치가 3,000만원을 초과하지 않는 소액사건에 대하여 다른 민사사건보다 간편하게 소를 제기하고 소송을 수행할 수 있게 하는 제도를 말한다.

★ 소액사건심판법의 적용을 받을 목적으로 청구를 분할하여 그 일부만을 청구할 수 없다.

★ 소가(訴價)란 소송목적의 값을 말하는 것으로, 원고가 소송을 통해 달성하려는 목적이 갖는 경제적 이익을 화폐단위로 평가한 금액이다. 민사소송법 제26조 제1항에서 「소로서 주장하는 이익」이이에 해당한다.

■ 소액사건재판의 특징

★ 소액사건의 신속한 처리를 위하여 소장이 접수되면 즉시 변론기일을 지정하여 1회의 변론기일로 심리를 마치고 즉시 선고할 수 있도록 하고 있다. 다만, 법원이 이행권고결정을 하는 경우에는 즉시 변론기일을 지정하지 않고, 일단 피고에게 이행권고결정등본을 송달한 후 이의가 있을 경우에만 변론기일을 즉시 지정하여 재판을 진행하게 된다.

★ 당사자의 배우자, 직계혈족, 형제자매는 법원의 허가 없이도 소송대리인이 될 수 있다. 이 경우 신분관계를 증명할 수 있는 가족

관계기록사항에 관한 증명서 또는 주민등록등본 등으로 신분관계를 증명하고, 소송위임장으로 수권(授權)관계를 증명하여야 한다.

★ 법원은 소장, 준비서면 기타 소송기록에 의하여 청구가 이유 없음이 명백한 때에는 변론 없이도 청구를 기각할 수 있다.

★ 증인은 판사가 신문하고, 상당하다고 인정한 때에는 증인 또는 감정인의 신문에 갈음하여 진술을 기재한 서면을 제출케 할 수 있다.

★ 판결의 선고는 변론종결 후 즉시 할 수 있고, 판결서에는 이유를 기재하지 않을 수 있다.

소액사건의 범위 등

■ 소액사건의 범위

지방법원 및 지방법원지원의 관할인 제1심 사건으로서 제소한 때의 소가가 3,000만원을 초과하지 않는 금전 기타 대체물이나 유가증권의 일정한 수량의 지급을 목적으로 하는 제1심의 민사사건이 소액사건에 해당한다. 다만, 다음의 어느 하나에 해당하는 사건은 소액사건에서 제외한다.

- 소의 변경으로 소액사건에 해당하지 않게 된 사건
- 당사자참가, 중간확인의 소 또는 반소(反訴)의 제기 및 변론의 병합으로 인하여 소액사건에 해당하지 않는 사건과 병합심리하게 된 사건

■ 소가의 산정

★ 소가는 원고가 청구취지로써 구하는 범위에서 원고의 입장에서 보아 전부 승소하였을 경우에 직접 받게 될 경제적 이익을 객관적으로 평가하여 산정하는데, 소가 제기된 때를 기준으로 하여 정하게 된다.

★ 하나의 소로 여러 개의 청구를 하는 경우에는 그 여러 청구의 값을 모두 합하여 소가를 정한다.

★ 주된 청구와 함께 과실(果實)·손해배상·위약금 또는 비용의 부대(附帶)청구를 하는 경우에는 그 값은 소가에 넣지 않는다.

★ 소가 산정의 예

A가 B에게 1년 전 빌려준 돈 2,000만원, 6개월 전 빌려준 돈 500만원을 모두 돌려받기 위해 하나의 소로써 대여금반환청구를 하는 경우 소가는 2,500만원이 되며, 이 때 원금에 대한 이자는 소가에 산입하지 않는다.

■ 일부 청구의 금지

★ 일반적인 민사소송절차보다 간편한 법을 적용받기 위해 금전 기타 대체물이나 유가증권의 일정한 수량의 지급을 목적으로 하는 청구에 있어서 채권자는 법의 적용을 받을 목적으로 청구를 분할하여 그 일부만을 청구할 수 없다. 이에 위반한 소는 판결로 각하(却下)된다.

★ 예를 들어, 빌려준 돈 4,000만원을 받기 위해 각각 2,000만원씩 나누어 대여금반환청구를 하여 소액사건재판제도를 이용할 수는 없다.

소액사건의 소 제기

■ 소 제기방법
★ 소액사건의 소 제기는 구술로써 법원사무관 등의 면전(面前)에서 진술하거나 임의로 법원에 출석하여 할 수 있다.
★ 소장을 작성하여 제출할 경우 사건의 종류별로 해당하는 양식에 맞게 청구취지와 청구원인을 기재한다.

■ 구술에 의한 소의 제기 등
★ 소액사건의 소는 구술로 제기할 수 있다.
★ 구술로 소를 제기하는 때에는 법원서기관·법원사무관·법원주사 또는 법원주사보(이하 "법원사무관 등"이라 함)의 면전에서 진술하여야 한다. 이 경우에 법원사무관 등은 제소조서를 작성하고 이에 기명날인하여야 한다.
★ 구술제소를 하는 경우에 법원사무관 등은 제소조서의 말미에 다음의 사항을 첨가할 수 있다.
  - 당사자의 성명·명칭 또는 상호와 주소
  - 대리인의 성명과 주소
  - 사건의 표시
  - 공격 또는 방어의 방법
  - 상대방의 청구와 공격 또는 방어의 방법에 대한 진술
  - 덧붙인 서류의 표시
  - 작성한 날짜

- 법원의 표시

■ 임의출석에 의한 소의 제기

★ 소액사건의 경우 양쪽 당사자는 임의로 법원에 출석하여 소송에 관하여 변론할 수 있다.

★ 이 경우에 소의 제기는 구술에 의한 진술로써 한다.

■ 소장제출에 의한 소의 제기

★ 소는 법원에 소장을 제출함으로써 제기한다.

★ 법원에 비치된 소액사건에 관한 소장양식의 빈칸을 기재하여 직접 작성할 수 있다.

★ 법률전문가에게 위임하여 작성할 수 있다.

소장의 작성

■ 소장의 작성

★ 소장에는 당사자와 법정대리인, 청구의 취지와 원인을 적어야 한다.

★ 청구원인 기재사항

- 청구를 뒷받침하는 구체적 사실
- 피고가 주장할 것이 명백한 방어방법에 대한 구체적인 진술
- 입증이 필요한 사실에 대한 증거방법

★ 소장의 첨부서류

- 피고가 소송능력 없는 사람인 때에는 법정대리인, 법인인 때에는 대표자, 법인이 아닌 사단이나 재단인 때에는 대표자 또는 관리인의 자격을 증명하는 서면
- 부동산에 관한 사건은 그 부동산의 등기사항증명서
- 친족·상속관계 사건은 가족관계기록사항에 관한 증명서
- 어음 또는 수표사건은 그 어음 또는 수표의 사본
- 그 밖에 증거로 될 문서 가운데 중요한 것의 사본
- 정기금판결에 대한 변경의 소의 소장의 경우 정기금지급확정판결의 사본

★ 소액사건에 관한 소장양식이 법원에 비치되어 있는데, 소장표지는 동일하고 표지 다음에 청구취지와 청구원인을 기재하는 부분에 대하여는 사건의 종류별로 그 양식이 다르므로 해당하는 양식을 찾아 기재한다.

★ 법원에 비치되어 있는 소액사건에 관한 소장양식의 예는 다음과 같다.

[서식 예] 대여금청구(소액)

대여금청구(소액)

청구취지

1. 청구금액: (원 금)   금＿＿＿＿＿＿＿＿원
 (지연손해금) ＿＿＿＿＿＿부터 소장부본 송달일까지 연   %
         소장부본 송달 다음날부터 갚는 날까지   연 15 %
2. 피고들 상호간의 관계 : 연대( )

청구원인

 1. 대여내역
 (1) 대여자＿＿＿＿＿＿＿   (2) 차용자＿＿＿＿＿＿＿
 (3) 연대보증인＿＿＿＿＿＿＿, ＿＿＿＿＿＿＿＿
 (4) 대 여 일 :＿＿＿＿＿,＿＿＿＿＿＿,＿＿＿＿＿
 (5) 금   액 :＿＿＿＿＿원, ＿＿＿＿＿원, ＿＿＿＿＿원
 (6) 변 제 기 :＿＿＿＿＿, ＿＿＿＿＿, ＿＿＿＿＿
 (7) 약정이율 :＿＿＿＿＿, ＿＿＿＿＿, ＿＿＿＿＿,
 2. 기타 보충할 내용

20 .   .   .

원고   (날인 또는 서명)

소송대리인의 범위

■ 소송대리인의 범위
소액사건심판법은 소액사건의 경우 편리하게 구제받을 수 있도록 당사자의 배우자·직계혈족 또는 형제자매가 법원의 허가 없이 소송대리인이 될 수 있도록 정하고 있다.

■ 소액사건에 대한 특례
★ 당사자의 배우자·직계혈족 또는 형제자매는 법원의 허가 없이 소송대리인이 될 수 있다. 따라서 그 외 4촌 내의 친족 등은 법원의 허가를 받아야 소송대리인이 될 수 있다.
★ 소송대리인은 당사자와의 신분관계 및 수권(授權)관계를 서면으로 증명하여야 한다. 그러나 수권관계에 대해 당사자가 판사의 면전에서 구술로 소송대리인을 선임하고 법원사무관 등이 조서에 적어 넣은 때에는 그렇지 않다.

■ 소송위임장의 작성
소송대리를 위임할 경우에 필요한 소액사건의 소송위임장에는 다음의 사항을 포함하여 작성한다.
- 소송대리할 사람의 이름, 주소, 연락처
- 당사자와의 관계
- 소송위임할 사항
- 위임인의 날인 또는 서명

▼민사소송에 대한 생활법률▼

민사소송이란 사법상의 권리 또는 법률관계에 대한 다툼을 법원이 국가의 재판권에 의해 법률적·강제적으로 해결·조정하기 위한 일련의 절차를 말한다.

민사소송의 개념

■ 민사소송의 개념

★ "민사소송"이란 민법·상법 등 사법(私法)에 의하여 규율되는 대등한 주체 사이의 신분상 또는 경제상 생활관계에 관한 사건에 관한 소송을 말한다.

★ 사법상의 생활관계가 모두 민사소송의 대상이 되는 것은 아니고 대등한 주체 사이의 법률관계에 관한 것이어야 한다.

★ 민사소송과 같이 법원에서 다툼을 해결하기 위해 진행하는 절차로는 형사소송·행정소송·가사소송 등이 있으며, 민사소송보다 간이한 절차로 분쟁을 해결하는 제도로는 민사조정절차· 화해절차·지급명령제도·공시최고절차·소액심판소송 등이 있다.

★ 민사소송은 원칙적으로 3심제를 채택하고 있고, 1심·2심은 사실심이고, 3심은 법률심이다.

■ 형사소송과 민사소송의 구분

★ 예컨대, A씨는 B씨를 사랑했으나, B씨가 다른 사람을 좋아한다는 사실을 알고는 격분해 인터넷에 B씨가 행실이 좋지 않고 B씨를 사랑한 자신을 이용해 허영심을 채우는 등 자신을 고통스럽게 했다는 내용의 험담을 올렸다. 이로 인해 결혼이 깨지는 등 고통받던 B씨가 A씨를 명예훼손죄로 고소한 경우, A씨는 명예를 훼손한 범죄에 대해 형사소송을 통해 처벌을 받게 된다.

★ 이와는 별개로 B씨가 그동안 받은 정신적인 고통과 그 외 발생한 손해 등에 대해 금전적인 배상을 받고자 하는 경우에는 민사소송을 제기해 배상을 받을 수 있다.

민사소송의 제기

■ **소송의 제기**

★ 소송은 소장을 해당 관할법원에 제출함으로써 제기한다.

★ 소장에는 당사자와 법정대리인, 청구의 취지와 원인을 적어야 한다. 재판장은 소장심사를 하여 흠이 있는 경우 보정명령을 하며, 원고가 정해진 기간 이내에 흠을 보정하지 않은 경우 소장은 각하된다. 각하명령에 대해서는 즉시항고를 할 수 있다.

★ 소장이 제출되면 법원은 부본을 바로 피고에게 송달하며 송달이 안 될 경우 주소보정명령을 내린다. 원고가 일반적인 통상의 조사를 다했으나 송달이 불가능한 경우에는 최후의 방법으로 공시송달을 신청할 수 있다.

[서식 예] 소장 작성방법

소　　　　　장 ①

원　　고　　○○○ (주민등록번호) ②
　　　　　　○○시 ○○구 ○○로 ○○(우편번호 ○○○○○)③
　　　　　　위 소송대리인 변호사　◎◎◎ ④
　　　　　　○○시 ○○구 ○○로 ○○(우편번호 ○○○○○)③
　　　　　　전화번호.휴대폰번호:　　　　　　팩시밀리번호:

전자우편주소:

피 고   ◇◇◇ (주민등록번호) ②

　　　　○○시 ○○구 ○○로 ○○(우편번호 ○○○○○) ③

전화번호.휴대폰번호:　　　　　팩시밀리번호:

전자우편주소:

대여금청구의 소 ⑤

청 구 취 지 ⑥

1. 피고는 원고에게 금○○○원 및 이에 대하여 이 사건 소장부본 송달 다음날부터 다 갚는 날까지 연 15%의⑦ 비율로 계산한 돈을 지급하라.
2. 소송비용은 피고가 부담한다. ⑧
3. 위 제1항은 가집행 할 수 있다. ⑨
라는 판결을 구합니다.

청 구 원 인 ⑩

1. 원고는 피고에게 20○○. ○. ○. 금○○○원을 대여하면서 20○○. ○. ○○.에 변제 받기로 하였습니다.
2. 그런데 피고는 위 대여금 중 20○○. ○.경 금○○○원, 20○○. ○.경 금○○만원, 합계금 ○○○원을 변제하였으나, 나머지 금○○○원을 변제기가 지난 현재에 이르기까지 지불하지 아니하고 있습니다.
3. 따라서 원고는 피고로부터 청구취지와 같은 돈을 지급받기 위하여 이 사건 청구에 이르게 되었습니다.

입 증 방 법 ⑪

1. 갑 제1호증   무통장입금증
1. 갑 제2호증   차용증서

첨 부 서 류 ⑫

1. 위 입증방법   각 1통
1. 소장부본   1통
1. 송달료납부서   1통

20○○.   ○.   ○.⑬

위 원고   소송대리인
변호사 ◎◎◎   (서명 또는 날인) ⑭

○○지방법원   귀중 ⑮

※ [소장작성요령]
① 표제
　　소장이라고 표제를 기재한다.
② 당사자의 표시
　　- 원고와 피고의 성명을 기재하고, 당사자의 성명으로부터 한
　　　칸 띄어 괄호하고 그 안에 주민등록번호를 기재하며, 주민
　　　등록번호를 알 수 없는 경우에는 괄호안에 한자성명을 기

재한다.

- 법인이나 단체의 경우에는 통칭이나 약칭은 피하고 정식명칭을 기재한다. 예를 들면, (주)A상사라든가 (재)B회 등으로 기재할 것이 아니라 주식회사 A상사, 재단법인 B회 등과 같이 등기된 명칭을 정확히 기재한다.
- 법인인 단체 등의 대표자 기재는 그 자격을 표시하여 정확히 기재한다. 예를 들면「위 대표자 ○○○」라고 표시할 것이 아니라 「대표이사 ○○○」, 또는 「대표자 이사장 ○○○」라고 기재한다.
- 또한, 미성년자로서 단독으로 소송행위를 할 수 없는 자는
"원 고 ○○○
법정대리인 친권자 부 ○○○
　　　　　　　　　　모 ○○○"라고 기재한다.

③ 주소
- 주소의 기재는 '서울 서초구 서초대로 300-1'과 같이 번지까지 기재하고, 우편번호를 괄호 안에 기재하며, 연락처(전화번호, 팩시밀리번호 또는 전자우편주소)를 기재한다.
- 피고의 주소도 위와 같이 기재하며, 연락처(전화번호, 팩시밀리번호 또는 전자우편주소)를 알고 있으면 기재한다.

④ 소송대리인
소송대리인이 있는 때에는 소송대리인의 이름과 주소, 연락처를 기재한다.

⑤ 사건명
대여금청구의 소, 손해배상(자)청구의 소, 소유권이전등기청구

의 소 등으로 기재한다.

⑥ **청구의 취지**
 - 청구의 취지란 원고가 당해 소송제기로써 청구하는 판결의 내용을 말하는 것으로서 청구의 결론부분이고, 청구원인의 결론부분이다.
 - 청구의 취지는 원고가 어떠한 내용의 판결을 청구하는가를 명확하게 하는 것이므로 그 내용, 범위 등이 명확하여야 하고, 단순·특정되어야 한다. 다만, 제1의 청구가 인용될 것을 해제조건으로 하는 차순위의 청구로 생각되는 예비적 청구는 허용된다.
 - 청구의 취지는 이행의 소, 확인의 소, 형성의 소 등 그 성질에 의하여 약간의 차이는 있지만 이른바 이행의 소에서는 누가 누구에 대하여 무엇을 얼마나 어떻게 하라는 것을 알 수 있도록 구성한다.

⑦ **법정이율**
금전채무의 전부 또는 일부의 이행을 명하는 판결(심판을 포함)을 선고할 경우에 금전채무불이행으로 인한 손해배상액산정의 기준이 되는 법정이율은 그 금전채무의 이행을 구하는 소장 또는 이에 준하는 서면이 채무자에게 송달된 날의 다음 날부터는 대통령령으로 정하는 이율(연 15%)에 의한다(예외: 민사소송법 제251조 장래의 이행을 청구하는 소). 그리고 채무자가 그 이행의무의 존재를 선언하는 사실심판결이 선고되기까지 그 존부나 범위에 관하여 항쟁함이 상당하다고 인정되는 때에는 그 상당한 범위 안에서 위와 같은 규정을 적용

하지 아니한다(소송촉진등에관한특례법 제3조).

⑧ **소송비용부담의 신청**

소송비용은 패소한 당사자가 부담한다(민사소송법 제98조).

⑨ **가집행 선고의 신청**

사건의 성질이 가집행을 허용할 수 있는 것에 한한다.

⑩ **청구원인**

- 청구원인이란 소송상의 청구로써 원고가 주장하는 소송물인 권리 내지 법률관계를 일정한 법률적 주장으로서 구성하는데 필요한 사항을 말한다.

- 청구의 원인 기재에 있어, 물권과 같이 동일인이 동일물에 대하여 같은 내용의 권리를 중복해서 가질 가능성이 희박할 경우에는 권리자와 대상물 및 권리의 내용을 기재하면 충분하나, 채권 그 밖의 청구권이 소송의 목적으로 되어 있는 경우에는 동일 당사자간에 동일내용의 권리의무가 여러 개 병존할 가능성이 있으므로 당해 청구권의 발생원인에 의하여 이를 특정하여야 한다.

⑪ **증거방법**

청구하는 이유에 대응하는 증거방법을 적으면 된다. 증거부호의 표시는 원고가 제출하는 것은 갑 제○호증, 피고가 제출하는 것은 을 제○호증, 독립당사자참가인이 제출하는 것은 병 제○호증과 같이 적고, 서증을 제출하는 때에는 상대방의 수에 1을 더한 수의 사본을 함께 제출하여야 하며, 서증 사본에 원본과 틀림이 없다는 취지를 적고 기명날인 또는 서명하여야 한다.

⑫ **첨부서류**

대리권을 증명하는 서면(가족관계증명서 등, 법인등기사항증명서 등), 증거방법 등을 열거해 두면 제출누락을 방지하고 법원에서도 확인하기 쉬우며 후일 문제를 일으킬 염려가 없다.

⑬ **제출년월일**

⑭ **날인 또는 서명**

당사자 또는 대리인이 기명날인 또는 서명하여야 한다(민사소송법 제249조 제2항, 제274조 제1항, 민사소송규칙 제2조).

⑮ **제출법원의 기재**

정확하게 기재하여야 불변기간의 도과 등 소송상 불의의 손해를 방지할 수 있다.

민사전자소송제도

■ 전자소송이란?

★ "전자소송"은 대한민국 법원이 운영하는 전자소송시스템을 이용하여 소를 제기하고 소송절차를 진행하는 재판방식을 말한다.

★ 가정과 사무실에서 인터넷을 이용하여 직접 소장과 증거 등 소송서류를 제출할 수 있고, 상대방이 소송서류를 제출한 경우 전자우편과 문자메시지를 통해 서류가 제출된 사실을 통지받고 즉시 대한민국 법원 전자소송 홈페이지에 접속하여 확인할 수 있다.

■ 전자소송의 장점

★ 전자소송은 빠르다 : 전자문서에 의한 사건처리와 전자적 송달로 신속한 재판이 가능하다.

★ 전자소송은 편리하다 : 법원을 방문할 필요 없이 인터넷으로 소송서류를 제출할 수 있다.

★ 전자소송은 투명하다 : 소송정보를 인터넷으로 공유함으로써 재판절차를 신뢰할 수 있다.

★ 전자소송은 안전하다 : 개인정보와 전자문서가 첨단 기술로 보호되므로 안심할 수 있다.

★ 전자소송은 친환경이다 : 종이 없는 소송으로 사회 경제적 비용을 획기적으로 절감시킨다.

★ 전자소송에서의 소제기는 다음과 같이 이루어진다.

■ 소송비용 납부방식

전자소송 사건의 인지액, 송달료 등 소송비용과 법원보관금을 온라인으로 직접 납부할 수 있다.

- 신용카드 : 개인카드, 법인카드, 해외에서 발급받은 카드(VISA, MASTER, JCB)로 결제가 가능하다.
- 계좌이체 : 개인계좌(주민등록번호), 법인계좌(사업자등록번호)로 계좌이체가 가능하다.
- 가상계좌 : 가상계좌 납부 시 별도의 가상계좌번호가 부여되며, 직접 해당계좌로 송금해야 한다.
- 휴대폰소액결제 : 가입하신 통신사에 휴대폰 소액결제 사용이 가능하도록 설정되어 있으면 결제가 가능하다.

※ 신용카드결제, 계좌이체, 휴대폰소액결제 시에는 전자결제수수료 부과된다.

(신용카드, 계좌이체 : 소송비용 x 2.42%, 휴대폰소액결제 : 소송비용 x 6.99%, 최저수수료 : 200원)

※ 가상계좌 납부는 전자결제수수료가 별도로 부과되지 않는다. 단, 타은행 이체거래 시에 발생하는 이체수수료는 발생할 수 있다.

피고의 답변서 제출

■ 답변서 제출통보

법원은 소장의 부본을 송달할 때에 피고가 원고의 청구를 다투는 경우에는 답변서를 제출하라는 취지를 피고에게 알린다.

■ 답변서의 작성

답변서에는 다음의 사항을 적어야 한다.

- 당사자의 성명·명칭 또는 상호와 주소
- 대리인의 성명과 주소
- 사건의 표시
- 공격 또는 방어의 방법 : 주장을 증명하기 위한 증거방법
- 상대방의 청구와 공격 또는 방어의 방법에 대한 진술 : 상대방의 증거방법에 대한 의견 기재
- 덧붙인 서류의 표시
- 작성한 날짜
- 법원의 표시
- 청구 취지에 대한 답변
- 소장에 기재된 개개의 사실에 대한 인정 여부 및 증거방법
- 항변과 이를 뒷받침하는 구체적 사실 및 증거방법

■ 답변서의 첨부서류

★ 답변서에는 증거방법 중 입증이 필요한 사실에 관한 중요한 서증

의 사본을 첨부해야 한다.

★ 당사자가 가지고 있는 문서로 답변서에 인용한 것은 그 등본 또는 사본을 붙여야 한다.

★ 문서의 일부가 필요한 경우에는 그 부분에 대한 초본을 붙이고, 문서가 많을 때에는 그 문서를 표시하면 된다.

★ 첨부서류는 상대방이 요구하면 그 원본을 보여 주어야 한다.

■ **답변서 제출기한**

피고는 소장의 부본을 송달받은 날부터 30일 이내에 답변서를 제출해야 한다. 다만, 피고가 공시송달의 방법에 따라 소장의 부본을 송달받은 경우에는 그렇지 않다.

■ **보정명령**

재판장은 답변서의 기재사항 등이 제대로 기재되어 있지 않은 경우 법원서기관·법원사무관·법원주사 또는 법원주사보로 하여금 방식에 맞는 답변서의 제출을 촉구하게 할 수 있다.

■ **답변서의 송달**

법원은 답변서의 부본을 원고에게 송달한다.

■ **답변서 미제출의 효과**

★ 법원은 피고가 답변서를 제출하지 않은 경우 청구의 원인이 된 사실을 자백한 것으로 보고 변론 없이 판결할 수 있다. 다만, 직권으로 조사할 사항이 있거나 판결이 선고되기까지 피고가 원고

의 청구를 다투는 취지의 답변서를 제출한 경우에는 그렇지 않다.

★ 자백하는 취지의 답변서 제출의 경우 : 피고가 청구의 원인이 된 사실을 모두 자백하는 취지의 답변서를 제출하고 따로 항변을 하지 않은 경우 법원은 변론 없이 판결할 수 있다.

★ 선고 기일 통지 : 법원은 피고에게 소장의 부본을 송달할 때에 변론 없이 판결을 선고할 기일을 함께 통지할 수 있다.

[서식 예] 답변서

답 변 서

사   건   20○○가단○○○   건물 등 철거
원   고   ○○○
피   고   ◇◇◇

위 사건에 관하여 피고의 소송대리인은 아래와 같이 답변합니다.

청구취지에 대한 답변

1. 원고의 청구를 기각한다.
2. 소송비용은 원고가 부담한다.
라는 재판을 구합니다.

청구원인에 대한 답변

1. 사실관계의 정리
   원고는 피고가 이 사건 건물의 소유자라고 주장하나 이는 사

실과 다릅니다.

① 피고는 1984. 8. 24.경 소외 이00으로부터 이 사건 건물과 그 대지를 매수하기로 계약하였습니다. (을 제1호증 매매계약서 참조)

② 당시 이 사건 건물은 위 이00이 신축하여 소유하고 있던 미등기 건물이었습니다.

③ 피고는 위 이00과의 위 매매계약에 기하여 이 사건 건물을 인도받아 현재까지 살고 있습니다.

④ 한편, 위 이00은 1995년 경 사망하였는바, 이 사건 대지는 위 이00의 직계비속인 소외 이@@이 상속하였고, 그 무렵 이 사건 건물 역시 위 이@@에게 상속되었다 할 것입니다.

⑤ 2004년 경 피고는 당시까지 토지와 건물에 대한 등기이전을 하지 못한 관계로 이 사건 건물을 보수하기 위하여 토지의 소유자로 등기되어있던 위 이@@의 승낙이 필요하였고, 위 이@@의 승낙을 받아 이 사건 건물을 개보수 하였습니다. {을 제2호증 확인서(이@@) 참조}

⑥ 그 이후 2013. 1. 14.경 이 사건 토지는 강제경매에 의해 원고가 매수하였습니다.

2. 원고 주장의 부당성
가. 관습법상 법정지상권의 존재
(1) 관습법상 법정지상권은 ① 토지와 건물이 동일인의 소유에 속하였다가, ② 그 토지소유자와 건물소유자가 다르게 되었을 경우, ③ 위 건물에 대한 철거 특약이 없을 것을 조

건으로 성립하게 됩니다.

(2) 이 사건 건물의 경우 최초 이 사건 건물을 신축한 위 망 이 00이 원시취득한 이래로 미등기상태로 계속 존재하고 있어 현재까지도 위 이00의 상속인인 위 이@@의 소유라 할 것이고, 이 사건 토지의 경우에도 위 이@@이 위 이00로부터 상속하여 소유하고 있다가 2013년 경 강제경매에 의해 원고에게로 소유권이 이전된 것이므로, 관습법상 법정지상권의 첫 번째 성립요건인 ① 토지와 건물이 동일인의 소유에 속하였다는 것과 ② 그 토지소유자와 건물소유자가 다르게 되었을 것이라는 요건을 충족한다 할 것입니다.

또한, 강제경매로 인하여 이 사건 토지의 소유권이 이전된 이상 건물소유자와 토지소유자 사이에 이 사건 건물에 대한 철거 합의가 있는 것을 불가능하므로, 이를 이유로 ③ 위 건물에 대한 철거 특약이 없을 것이라는 요건도 충족합니다.

(3) 따라서 이 사건 건물에 대하여 현재 법정지상권이 성립되어있다 할 것입니다.

나. 피고의 점유 권원

(1) 피고는 과거 이 사건 건물과 토지를 위 망 이00로부터 매수하기로 계약하였고, 현재까지 점유.사용하고 있으므로 소유권이전등기청구권의 소멸시효는 중단된 상태라 할 것입니다.

(2) 또한 소외 이@@은 위 망 이00의 상속인으로 피고와 위 망 이00 사이의 매매계약에 따른 채무를 승계하고 있다 할 것이고, 비록 이 사건 토지에 대한 소유권이전등기청구는 이행불능에 빠졌지만, 이 사건 건물에 대하여는 여전히 피고가 위 매매계약에 따른 채권에 기하여 이 사건 건물을 점유.

사용하고 있는 것인바, 민법 제213조 단서에 기하여 이 사건 건물 및 토지를 점유할 권리가 있다 할 것입니다.

다. 보론 - 피고의 관습법상 법정지상권 등기 및 이전 계획
 (1) 현재 이 사건 건물의 대외적 소유권자는 위 이@@이라 할 것이고, 위 이@@은 이 사건 건물에 대한 관습법상 법정지상권을 취득한 상태입니다.
 (2) 한편, 피고는 위 이@@로부터 이 사건 건물에 대한 소유권이전을 청구할 수 있는 채권을 보유하고 있고, 이 사건 건물의 유지를 위한 법정지상권도 함께 이전을 청구할 권리를 가지고 있습니다.
 (3) 위와 같은 이유로 현재 피고는 이 사건 건물에 대한 소유권보존등기를 경료하여 위 이@@로부터 소유권이전을 받고, 아울러 관습법상 법정지상권까지 함께 등기하여 이전받을 계획에 있으나, 이 사건 건물이 장기간 미등기로 존재하고 있던 건물이어서 건축 허가 등의 업무처리에 어려움이 있어 지연되고 있는 상황입니다.

3. 맺음말
 요컨대, 이 사건 건물과 토지는 위 이@@의 소유였다가 강제경매로 인하여 소유권자가 달라진 상황으로, 이 사건 건물에 대한 관습법상 법정지상권이 성립되어 있어, 원고의 이 사건 청구는 이유 없다 할 것입니다.

입 증 방 법

 1. 을 제1호증　　　　　　　매매차계약서 사본

1. 을 제2호증   확인서(이@@)

첨 부 서 류

1. 위 입증방법   각 1통
2. 위임장   1통
3. 납부서   1통
4. 소장부본   1통

20○○.   ○○.   ○○.

위 피고   ◇◇◇ (서명 또는 날인)

○○지방법원 제○○민사단독   귀중

■ **전자소송의 경우**

★ 전자소송에 대해서도 일반소송과 답변서 제출에 관한 일반적인 내용은 같다. 다만, 일반소송과 달리 답변서의 제출이 전자문서의 방식으로 이루어지므로 전자소송의 특수성이 있다.

★ 전자소송에서의 답변서 제출은 다음과 같이 이루어진다.

피고의 반소 제기

■ 반소 제기

★ 반소란 소송의 계속 중에 피고가 원고에게 본소청구 또는 이에 대한 방어방법과 견련관계가 있는 새로운 청구를 하기 위해 동일한 절차에서 제기하는 소송을 말한다.

★ 예를 들면 A가 B에게 물품의 매매대금을 요구하는 소송을 제기했는데 물품을 받지 않은 B는 A에게 물품을 인도 받지 않았다고 주장하는 것이 방어 방법이다. 그런데 반소는 물품을 받지 않은 B가 A에게 물품인도를 청구하는 소송을 제기해 본소와 함께 심판받도록 하는 것을 말한다.

[서식 예] 반소장

반 소 장

사　　　　건　　　　20○○가소○○○ 손해배상(기)
피고(반소원고)　　　◇◇◇ (주민등록번호)
　　　　　　　　　○○시 ○○구 ○○길 ○○(우편번호 ○○○○○)
　　　　　　　　　전화.휴대폰번호:
　　　　　　　　　팩스번호, 전자우편(e-mail)주소:
원고(반소피고)　　　○○주식회사
　　　　　　　　　○○시 ○○구 ○○길 ○○(우편번호 ○○○○○)

대표이사 ◉◉◉
전화.휴대폰번호:
팩스번호,   전자우편(e-mail)주소:

위 사건에 관하여 피고(반소원고)는 아래와 같이 반소를 제기합니다.

퇴직금청구의 소

반 소 청 구 취 지

1. 원고(반소피고)는 피고(반소원고)에게 금 ○○○원 및 이에 대한 20○○. ○○. ○○.부터 20○○. ○○. ○○.까지는 연 6%의, 그 다음날부터 다 갚는 날까지는 연 20%의 각 비율에 의한 돈을 지급하라.
2. 소송비용은 원고(반소피고)가 부담한다.
3. 위 제1항은 가집행 할 수 있다.
라는 판결을 구합니다.

반 소 청 구 원 인

1. 피고(반소원고)는 ○○시 ○○구 ○○길 ○○-○에 소재한 원고(반소피고)회사에 20○○. ○. ○. 입사하여 20○○. ○○. ○. 퇴사할 때까지 ○○점 매장 및 ◎◎점 매장에서 의류를 판매하는 일에 종사하였습니다.
2. 피고(반소원고)는 매월 금 ○○○원 정도의 월급과 400%의 수당을 원고(반소피고)회사로부터 지급 받았습니다. 그리고

판매실적에 따라 판매수당을 지급 받았습니다.

3. 그러나 피고(반소원고)가 20○○. ○○. ○. 퇴직할 당시 원고 (반소피고)회사로부터 퇴직금을 지급 받지 못하였으며, 그 퇴직금은 금 ○○○원입니다. 또한, 단체협약서에 퇴직금의 지급시기에 관하여 별도로 정해진 바가 없으며, 근로기준법 제37조 소정의 금품청산제도는 근로관계가 종료된 후 사용자로 하여금 14일 내에 근로자에게 임금이나 퇴직금 등의 금품을 청산하도록 하는 의무를 부과하는 한편, 이를 불이행하는 경우 형사상의 제재를 가함으로써 근로자를 보호하고자 하는 것이지 사용자에게 위 기간 동안 임금이나 퇴직금지급의무의 이행을 유예하여 준 것이라고 볼 수는 없으므로 피고(반소원고)는 퇴직금청구권을 퇴직한 다음날부터 행사할 수 있다고 봄이 타당합니다.

4. 따라서 피고(반소원고)는 원고(반소피고)회사에게 위 퇴직금 ○○○원 및 이에 대한 퇴직한 날의 다음날인 20○○. ○○. ○○.부터 20○○. ○○. ○○.까지는 상법에서 정한 연 6%의, 그 다음날부터 다 갚는 날까지는 근로기준법 제37조 및 동법 시행령 제17조에서 정한 연 20%의 각 비율에 의한 지연손해금의 지급을 구하기 위하여 이 사건 반소청구에 이르게 된 것입니다.

입 증 방 법

1. 을 제1호증   단체협약서
1. 을 제2호증   체불금품확인원

첨 부 서 류

1. 위 입증방법   각 1통
1. 반소장부본   1통
1. 송달료납부서   1통

                    20○○.   ○.   ○.
            위 피고(반소원고) ◇◇◇ (서명 또는 날인)

○○지방법원 ○○지원 제○○민사단독   귀중

준비서면

■ 준비서면이란?

준비서면이란 당사자가 변론에서 하고자 하는 진술사항을 기일 전에 예고적으로 기재해 법원에 제출하는 서면을 말한다.

■ 기재사항

준비서면에는 다음의 사항을 적고, 당사자 또는 대리인이 기명날인 또는 서명해야 한다.
- 당사자의 성명·명칭 또는 상호와 주소
- 대리인의 성명과 주소
- 사건의 표시
- 공격 또는 방어의 방법: 주장을 증명하기 위한 증거방법
- 상대방의 청구와 공격 또는 방어의 방법에 대한 진술: 상대방의 증거방법에 대한 의견 기재
- 덧붙인 서류의 표시
- 작성한 날짜
- 법원의 표시

■ 첨부서류

★ 당사자가 가지고 있는 문서로서 준비서면에 인용한 것은 그 등본 또는 사본을 붙여야 한다.

★ 문서의 일부가 필요한 경우에는 그 부분에 대한 초본을 붙이고,

문서가 많을 때에는 그 문서를 표시하면 된다.

★ 첨부서류는 상대방이 요구하면 그 원본을 보여주어야 한다.

★ 외국어로 작성된 문서에는 번역문을 붙여야 한다.

[서식 예] 준비서면

준 비 서 면

사　　건　20○○가합○○○○○ 대여금
원　　고　○○○
피　　고　◇◇◇

　위 사건에 관하여 원고는 다음과 같이 변론을 준비합니다.

다　　　　음

1. 사실관계의 정리

　가. 대여금 액수에 대하여
　　　피고는 ○○구 ○○동에서 '○횟집'을 운영하였습니다. 그러던
　　　중, 피고는 원고로부터 19○○년경 금 2,500만원, 19○○
　　　년경 금 3,500만원 합계 금 6,000만원을 빌렸습니다.

　나. 다툼 없는 사실의 정리
　　　피고는 19○○년경 금 2,500만원을 빌렸다는 것을 인정하
　　　고 있으나, 19○○년경 금 3,500만원을 빌렸다는 사실은 이
　　　를 부인하고 있으며, 피고가 오히려 원고에게 금 80,919,000
　　　원을 원금과 이자 조로 변제하였다고 주장하고 있습니다.

　다. 따라서 이 사건의 쟁점은 피고가 19○○년경 금 3,500만원을
　　　빌린 사실이 있는지, 피고가 원고에게 이자 및 원금의 상환조

로 준 돈이 얼마인지라고 하겠습니다.

2. 금 3,500만원의 대여여부에 관하여

가. 피고의 주장

피고는 원고가 19○○년경 위 횟집의 전세보증금으로 투자한 금 2,800만원과 권리금 1,000만원을 합한 금액에서 금 300만원을 뺀 금 3,500만원에 이 사건 횟집을 인수하기로 피고와 합의하였으나 이를 이행하지 않았으므로, 결과적으로 피고는 채무를 지지 않고 있다는 것입니다.

나. 피고 주장의 부당성

원고는 피고가 먼저 빌려간 금 2,500만원의 원금은커녕 이자의 지급마저 게을리 하고 있자, 이를 독촉하던 차에 피고가 자신에게 금 3,500만원을 추가로 빌려준다면 소외 ◉◉◉에게 들고 있던 계금 5,400만원의 명의를 원고에게 이전시켜 주겠다고 기망하였습니다. 이에 원고는 소외 ◉◉◉로부터 피고가 위 계원으로 있는지 확인(수사기록 78면, 진술조서)을 하였고, 기존에 빌려주었던 금 2,500만원까지 확보하겠다는 욕심에 친구로부터 금 4,000만원을 차용하여 피고에게 금 3,500만원을 빌려 주었던 것입니다.

그러나 피고는 위 계금을 성실히 납부하지 않았고 원고는 빌려준 금 3,500만원을 위 계금으로 충당하지 못하게 된 것입니다.

3. 피고가 이자 및 원금상당의 금원을 변제하였는지

가. 피고의 주장

피고는 19○○. ○.경부터 19○○. ○.경까지 총액 금 80,919,000원을 갚았고 이것으로 이자뿐만이 아니라 원금까지 변제되었다고 주장하고 있습니다.

나. 피고 주장의 부당성

그러나 피고는 증거로 장부를 제출하고도 도대체 어느 부분이 피고의 주장 사실에 부합하는지 특정도 하지 않았으며, 게다가 위 장부와 사실확인서는 객관성도 없습니다.

원고는 총액 금 1,500여만원 정도를 피고로부터 받은 사실은 있으나 이는 어디까지나 이자조로 받은 것이지 원금이 상환된 것도 아닙니다. 이것은 각서상으로도 분명히 인정되고 있습니다.

4. 결 론

결국 피고의 주장은 어느 것도 이를 인정할 만한 정도로 입증되지 않은 허위의 진술에 지나지 않습니다. 오히려 원고는 금 6,000만원이나 되는 거금을 빌려주고도 6년이 지난 현재까지 원금은커녕 이자도 제대로 받지 못하였습니다. 특히 원고가 빌려준 금 3,500만원은 원고가 친구인 소외 ◎◎◎로부터 차용한 돈입니다. 원고는 친구의 빚 독촉에 못 이겨 동생 소외 ■■■의 집을 저당 잡혀 위 돈을 변제한 상태이며(수사기록 45면, 금전소비대차약정서), 생활고로 하루하루 어려운 생활을 하던 중 자살까지 기도하였습니다. 따라서 원고의 권리회복을 위해 조속히 원고의 청구를 인용하여 주시기 바랍니다.

20○○.   ○.   ○.

위 원고   ○○○ (서명 또는 날인)

○○지방법원 제○○민사부   귀중

▼민사조정에 대한 생활법률▼

"민사조정"이란 민사에 관한 분쟁을 당사자의 자주적·자율적 분쟁 해결 노력을 존중하면서 적정·공정·신속하고 효율적으로 해결하는 조정(調停) 절차를 말한다.

민사조정의 개념 및 신청인

■ "민사조정"이란 ?

"민사조정"이란 민사에 관한 분쟁을 당사자의 자주적·자율적 분쟁 해결 노력을 존중하면서 적정·공정·신속하고 효율적으로 해결하는 조정(調停) 절차를 말한다.

■ 신청인

★ 당사자에 의한 신청

민사에 관한 분쟁의 당사자는 법원에 조정을 신청할 수 있다.

★ 법원에 의한 회부

수소법원(受訴法院)은 필요하다고 인정하면 항소심(抗訴審) 판결 선고 전까지 소송이 진행 중인 사건을 결정으로 조정에 회부(回附)할 수 있다.

■ 대리인 선임

★ 법원의 허가

다음의 어느 하나에 해당하는 경우 조정담당판사의 허가를 받으면 변호사가 아닌 사람을 대리인 또는 보조인으로 할 수 있다.

- 당사자의 배우자 또는 4촌 안의 친족으로서 당사자와의 생활 관계에 비추어 상당하다고 인정되는 경우
- 당사자와 고용, 그 밖에 이에 준하는 계약관계를 맺고 그 사건에 관한 통상사무를 처리·보조하는 사람으로서 그 사람이 담당하는

사무와 사건의 내용 등에 비추어 상당하다고 인정되는 경우

★ 소액사건의 경우

조정사건이 소액사건일 경우 조정 당사자의 배우자·직계혈족 또는 형제자매는 법원의 허가 없이 소송대리인이 될 수 있다.

■ **조정기관 및 조정장소**

★ 조정기관

① 조정담당판사

조정담당판사는 스스로 조정을 할 수 있다.

② 조정위원회

조정담당판사는 상임조정위원(상임으로 조정에 관한 사무를 처리하는 조정위원)이나 조정위원회가 조정을 하도록 할 수 있다. 이 경우 조정담당판사나 조정장(調停長)은 조정위원으로 하여금 분쟁해결방안을 도출하기 위하여 사건관계인의 의견을 들어 합의안을 도출하거나 그 밖에 조정사건의 처리를 위하여 필요한 사무를 수행하게 할 수 있다. 다만, 당사자의 신청이 있을 경우 조정위원회가 조정을 하도록 해야 한다.

③ 수소법원

수소법원이 조정에 회부한 사건으로 수소법원 스스로 조정하는 것이 적절하다고 인정한 사건은 직접 조정을 할 수 있다. 수소법원은 재판장과 배석판사 중 1명을 수명법관으로 지정하거나 2명을 공동수명법관으로 지정해 조정을 담당하게 할 수 있다.

■ 조정장소

조정은 판사실, 조정실, 심문실 또는 분쟁에 관련된 현장 기타 적당한 장소에서 할 수 있다.

민사조정절차

1. 조정신청서 제출
2. 조정신청서의 송달 (법원 → 피신청인)
3. 조정기일의 지정 및 고지
4. 재 판
   - ① 조정기일에의 불출석 - 다시 지정해 소환
   - ② 신청인의 2회 불출석 - 취하 간주
   - ③ 피신청인 1회 불출석 - 조정에 갈음하는 결정
5. 사실조사 (법원)
6. 조정성립 / 조정불성립
7. 확 정 / 조정에 갈음하는 결정
8. 이의신청 (14일 이내)
9. 민사소송

민사조정 신청서

조 정 신 청 서

사 건 명
신 청 인 (이름)   (주민등록번호   -   )
          (주소)   (연락처)
피신청인 (이름)   (주민등록번호   -   )
          (주소)   (연락처)

소송목적의 값	원	인 지	원

※조정비용은 소장에 첨부하는 인지액의 1/10 입니다.
(인지첩부란)

송달료 계산 방법: 당사자 수(신청인+피신청인) × 5회분 송달료
※1회 송달료는 추후 변동될 수 있습니다.

휴대전화를 통한 정보수신 신청

위 사건에 관한 재판기일의 지정.변경.취소 및 문건접수 사실을 예납의
무자가 납부한 송달료 잔액 범위 내에서 아래 휴대전화를 통하여 알
려주실 것을 신청합니다.

▣ **휴대전화 번호 :**

                    20 . . .
          신청인 원고   (날인 또는 서명)

※ 문자메시지는 재판기일의 지정.변경.취소 및 문건접수 사실이 법원재판
   사무시스템에 입력되는 당일 이용 신청한 휴대전화로 발송됩니다.
※ 문자메시지 서비스 이용금액은 메시지 1건당 17원씩 납부된 송달료에
   서 지급됩니다(송달료가 부족하면 문자메시지가 발송되지 않습니다).
※ 추후 서비스 대상 정보, 이용금액 등이 변동될 수 있습니다.

◇유의사항◇

1. 연락처란에는 언제든지 연락 가능한 전화번호나 휴대전화번호, 그 밖에 팩스번호.이메일 주소 등이 있으면 함께 기재하여 주시기 바랍니다. 피신청인의 연락처는 확인이 가능한 경우에 기재하면 됩니다.
2. 첩부할 인지가 많은 경우에는 뒷면을 활용하시기 바랍니다.

신 청 취 지

1. 피신청인은 신청인에게 금 ○○○원 및 이에 대한 20○○. ○. ○. 부터 신청서부본 송달일까지는 연 5%의, 그 다음날부터 다 갚는 날까지는 연 15%의 각 비율에 의한 돈을 지급한다.
2. 조정비용은 피신청인의 부담으로 한다.
라는 조정을 구합니다.

신 청 원 인

1.
2.
3.

입 증 방 법

   1.
   2.
   3.
   4.

<pre>
                   첨 부 서 류
  1. 위 입증방법   각 1통
  1. 신청서부본   1통
  1. 송달료납부서   1통
                20   .   .   .

  위 신청인   (서명 또는 날인)
</pre>

▼전자금융범죄에 대한 생활법률▼

"전기통신금융사기"란 전기통신을 이용하여 타인을 기망(欺罔)·공갈(恐喝)함으로써 재산상의 이익을 취하거나 제3자에게 재산상의 이익을 취하게 하는 다음의 행위를 말한다. 다만, 재화의 공급 또는 용역의 제공 등을 가장한 행위는 제외하되, 대출의 제공·알선·중개를 가장한 행위는 포함된다.
- 자금을 송금·이체하도록 하는 행위
- 개인정보를 알아내어 자금을 송금·이체하는 행위

전자금융범죄의 개념 및 특징

■ 전기통신금융사기의 개념

★ "전기통신금융사기"란 전기통신을 이용하여 타인을 기망(欺罔)·공 갈(恐喝)함으로써 재산상의 이익을 취하거나 제3자에게 재산상의 이익을 취하게 하는 다음의 행위를 말한다. 다만, 재화의 공급 또는 용역의 제공 등을 가장한 행위는 제외하되, 대출의 제공·알 선·중개를 가장한 행위는 포함된다.

- 자금을 송금·이체하도록 하는 행위
- 개인정보를 알아내어 자금을 송금·이체하는 행위

★ "전기통신"이란 유선·무선·광선 및 그 밖의 전자적 방식에 의하여 부호·문언·음향 또는 영상을 송신하거나 수신하는 것을 말한다.

★ "전자금융거래"란 금융회사가 전자적 장치를 통하여 금융상품 및 서비스를 제공하고, 이용자가 금융회사의 종사자와 직접 대면하 거나 의사소통을 하지 아니하고 자동화된 방식으로 이를 이용하 는 거래를 말한다.

■ 전자금융범죄의 특징

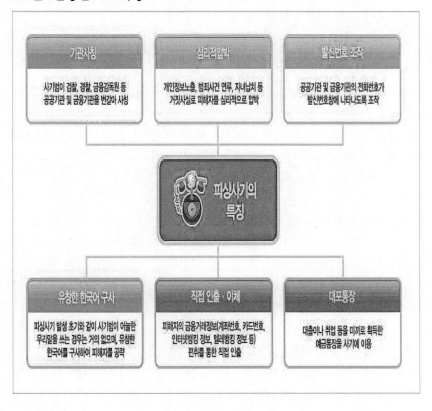

전자금융범죄의 주요 유형

■ 자녀납치 및 사고 빙자 편취

자녀와 부모의 전화번호 등을 사전에 알고 있는 사기범이 자녀의 전화번호로 발신자번호를 변조, 부모에게 마치 자녀가 사고 또는 납치 상태인 것처럼 가장하여 부모로부터 자금을 편취하는 수법(학교에 간 자녀 납치 빙자, 군대에 간 아들 사고 빙자, 유학중인 자녀 납치 또는 사고 빙자 등)

■ 메신저상에서 지인을 사칭하여 송금을 요구

타인의 인터넷 메신저 아이디와 비밀번호를 해킹하여 로그인한 후 이미 등록되어 있는 가족, 친구 등 지인에게 1:1 대화 또는 쪽지 등을 통해 금전, 교통사고 합의금 등 긴급자금을 요청하고 피해자가 속아 송금하면 이를 편취

■ 인터넷 뱅킹을 이용해 카드론 대금 및 예금 등 편취

명의도용, 정보유출, 범죄사건 연루 등 명목으로 피해자를 현혹하여 피싱사이트를 통해 신용카드정보(카드번호, 비밀번호, CVC번호) 및 인터넷뱅킹정보(인터넷뱅킹 ID, 비밀번호, 계좌번호, 공인인증서비밀번호, 보안카드번호 등)를 알아낸 후, 사기범이 ARS 또는 인터넷으로 피해자명의로 카드론을 받고 사기범이 공인인증서 재발급을 통해 인터넷뱅킹으로 카드론 대금 등을 사기범계좌로 이체하여 편취

■ 금융회사, 금융감독원 명의의 허위 긴급공지 문자메시지로 기망, 피싱사이트로 유도하여 예금 등 편취

금융회사 또는 금융감독원에서 보내는 공지사항(보안승급, 정보유출 피해확인 등)인 것처럼 문자메시지를 발송하여 피싱사이트로 유도한 후 금융거래정보를 입력하게 하고 동 정보로 피해자 명의의 대출 등을 받아 편취

■ 전화 통화를 통해 텔레뱅킹 이용정보를 알아내어 금전 편취

50~70대 고령층을 대상으로 전화통화를 통해 텔레뱅킹 가입 사실을 확인하거나 가입하게 한 후,명의도용, 정보유출, 범죄사건 연루 등 명목으로 피해자를 현혹하여 텔레뱅킹에 필요한 정보(주민등록번호, 이체비밀번호, 통장비밀번호, 보안카드일련번호, 보안카드코드 등)를 알아내어 피해자 계좌에서 금전을 사기범계좌로 이체하여 편취

■ 피해자를 기망하여 자동화기기로 유인 편취

국세청, 건강보험공단, 국민연금관리공단 직원 등을 사칭하는 자가 피해자에게 전화하여 세금, 보험료, 연금 등이 과다 또는 오류 징수되어 환급하여 주겠다며 자동화기기로 유인, 기기를 조작하게 하여 자금을 편취

■ 피해자를 기망하여 피해자에게 자금을 이체하도록 해 편취

★ 검찰, 경찰, 금융감독원 등 공공기관 및 금융기관을 사칭하는 자가 누군가 피해자를 사칭하여 예금인출을 시도한다고 기망한 후 거래내역 추적을 위해 필요하다면서 사기범이 불러주는 계좌로 이체한 후 편취

★ 사기범들이 학생의 대학지원 명세를 빼내 실제 대학교의 전화번

호로 변조하여 학부모 및 학생에게 전화해서 사기범계좌로 등록금 납부를 요구하여 편취

■ 신용카드정보 취득 후 ARS를 이용한 카드론 대금 편취
명의도용, 정보유출, 범죄사건 연루 등 명목으로 피해자를 현혹하여 신용카드정보(카드번호, 비밀번호, CVC번호)를 알아낸 후, 사기범이 ARS를 통해 피해자 명의로 카드론을 받음과 동시에 피해자에게 다시 전화를 걸어 허위로 범죄자금 입금사실을 알리고 피해자에게 사기범계좌로 이체토록 유도하여 편취

■ 상황극 연출에 의한 피해자 기망 편취
은행직원, 경찰·검찰 수사관을 사칭한 사기범들이 은행객장과 경찰서, 검찰청 등의 사무실에서 실지로 일어나는 상황 연출로 피해자를 기망하여 금전 편취

■ 물품대금 오류송금 빙자로 피해자를 기망하여 편취
사기범이 문자메시지 또는 전화로 물품대금, 숙박비 등을 송금하였다고 연락한 후, 잠시후 실수로 잘못 송금하였다면서 반환 또는 차액을 요구하여 편취

피싱(Phishing)의 개념

■ 피싱(Phishing)의 유형
★ "피싱(Phishing)"이란 '개인정보(Private data)를 낚는다(Fishing)' 라는 의미의 합성어로, 전화·문자·메신저·가짜사이트 등 전기통신 수단을 이용한 비대면거래를 통해 피해자를 기망·공갈함으로써 이용자의 개인정보나 금융정보를 빼낸 후, 타인의 재산을 갈취하는 사기 수법을 말한다.
★ 피싱 사기는 전화뿐만 아니라 문자, 메신저, 인터넷 사이트 등 다양한 전기통신수단을 통해 이루어지고 있다.

■ 피싱의 구분
★ 보이스피싱
유선전화 발신번호를 수사기관 등으로 조작하여 해당기관을 사칭하면서 금품을 편취하거나 자녀납치, 사고빙자 등 이용자 환경의 약점을 노려 금품을 편취하는 수법
★ 메신저피싱
SNS, 모바일(또는 PC) 기반 메신저 등 신규인터넷 서비스의 친구추가 기능을 악용하여 친구나 지인의 계정으로 접속한 후 금전 차용 등을 요구하는 수법
★ 피싱사이트
불특정 다수에게 문자, 이메일 등을 보내 정상 홈페이지와 유사한 가짜 홈페이지로 접속을 유도하여 개인정보 및 금융정보를 편취하는 수법

★ 몸캠피싱

스카이프 등 스마트폰 채팅 어플을 통해 음란 화상 채팅(몸캠피싱)을 하자고 접근하여 상대방의 음란한 행위를 녹화한 후 피해자의 스마트폰에 악성코드를 심어 피해자 지인의 연락처를 탈취한 다음 지인들에게 녹화해둔 영상(사진)을 유포하겠다고 협박하여 금전을 갈취하는 범죄 수법

★ 스피어 피싱

고위 공직자, 유명인 등 특정 개인 및 회사를 대상으로 개인정보를 캐내거나 특정 정보 탈취 목적으로 하는 피싱 공격하는 수법

★ 큐싱

출처가 불분명한 'QR코드'를 스마트폰으로 찍을 경우, 악성 앱을 내려 받도록 유도하거나 악성프로그램을 설치하게 하는 금융사기 수법
- QR코드 + phishing의 합성어로, 스미싱에서 한 단계 더 진화된 신종 금융사기 수법

★ 로맨스스캠

SNS 및 이메일 등 온라인상으로 접근하여 호감을 표시한 뒤 재력, 외모 등으로 신뢰를 형성한 후 각종 이유로 금전을 요구하는 방법의 사기

피싱(Phishing) 피해 대처방법

■ **보이스피싱으로 인한 송금시 행동요령**
- 송금은행·입금은행 대표번호 혹은 경찰청(112)에 '지체없이' 피해 사실을 신고하여 지급정지 신청
- 가까운 경찰서에 방문하여 '사건사고사실확인원'를 발급(지급정지 신청 후 3일 이내 발급 필요)
- 사건사고사실확인원을 지급정지 신청한 은행 영업점에 제출(동 서류를 제출해야 지급정지 조치 연장)
- 지급정지된 계좌(사기이용계좌)의 명의자 소명 등을 거쳐 계좌에 남아있는 피해금을 환급하는 절차 진행

■ **메신저피싱으로 인한 개인(신용)정보 도용 시 행동요령**
- 개인정보유출에 따른 추가피해를 막기 위하여 금융감독원 금융소비자정보포털, "개인정보노출자 사고예방시스템"을 적극 활용할 수 있다.
- ※ "개인정보노출자 사고예방시스템"이란 신청인의 개인정보(성명, 주민등록번호 등)를 금융정보 교환망을 통해 금융회사에 전파하여 해당 신청인 명의의 특정 금융거래시 본인확인에 유의하도록 하는 시스템이다.
- "계좌정보통합관리서비스"(www.payinfo.or.kr)를 활용하여 본인 모르게 개설된 계좌 또는 대출을 한눈에 확인할 수 있다.
- 본인 모르게 휴대폰이 개통되지 않도록 한국정보통신진흥협회

의 명의도용 방지서비스(www.msafer.or.kr)를 통해 가입사실
현황 조회서비스 및 가입제한 서비스 등 활용할 수 있다.
- 출처 불분명 악성앱을 이미 설치했다면 본인 전화기로 금융회
사, 금감원, 경찰 등에 전화할 경우, 사기범이 전화를 가로채
므로 전화가 보이스피싱범에게 연결된다. 즉시 ① 모바일 백신
앱으로 검사후 삭제, ② 데이터 백업 후 휴대폰 초기화, ③ 지
인이나 휴대폰 서비스센터에 도움 요청해야 한다.

■ **피싱사이트 신고하기**
★ 대검찰청, 경찰청, 인터넷진흥원, 금융기관, 택배 등을 사칭하는
피싱사이트, 스미싱 문자로 인한 금전적 피해가 발생하고 있다.
사이트 접속 시 바로 개인정보를 입력하지 말고 먼저 사이트 주
소를 확인하시기 바란다.
★ 금융거래정보를 빼내기 위해 은행 등의 홈페이지를 모방하여 만
든 가짜 홈페이지 즉, 피싱사이트로 의심되거나 확인된 경우에는
해당 사이트를 신고하여 추가적인 피해를 예방해야 한다.
※ 피싱사이트 신고방법
   - 한국인터넷진흥원 인터넷침해대응센터(www.krcert.or.kr)의
     <신고센터118>를 통해 신고하기
   - 한국인터넷진흥원 상담센터 국번없이 ☎118

피싱 피해를 예방하기 위한 기본 요령

■ 가족을 사칭하며 문자로 개인(신용)정보 등 요구하는 경우

★ 가족의 연락처로 전화하여 반드시 직접 확인해야 하며, 조금이라도 의심스러운 경우 자녀 등 가족이라 하더라도 신분증 사진, 신용카드 및 계좌 번호 등을 제공해서는 안 된다.

★ 또한, 자녀가 핸드폰 파손·고장 등의 사유로 전화통화가 안된다고 하면서, 전혀 모르는 번호를 카톡에 추가해 달라고 해도 무조건 거절해야 한다.

■ 출처가 불분명한 악성앱 등 설치 요구하는 경우

★ 악성앱·팀뷰어 등 설치시 개인(신용)정보가 전부 유출되므로 절대 설치해서는 안 되며, 필요시 가족 등 지인의 전화기로 해당 금융회사 또는 금융감독원(☎1332)에 사실 여부를 확인해야 한다.

★ 악성앱이 설치된 본인 전화기로 금융회사, 금감원, 경찰 등에 전화할 경우, 사기범이 중간에서 전화를 모두 가로채므로 전화가 보이스피싱범에게 연결되므로 주의해야 한다.

★ 악성앱을 이미 설치했다면 모바일 백신앱(최신 버전 업데이트)으로 검사후 삭제, 데이터 백업 후 휴대폰 초기화, 지인이나 휴대폰 서비스센터에 도움 요청 등 필요금융회사의 보안강화 서비스에 반드시 가입한다.

■ 보이스피싱 피해를 입은 경우

★ 금융회사 콜센터 또는 금융감독원 콜센터(☎1332)에 전화하여 해당 계좌 지급정지를 요청하고 피해구제를 신청하고, 개인정보 유출에 따른 추가 피해를 막기 위하여 금융감독원 금융소비자 정보포털, '파인'의 개인정보노출자 사고예방시스템을 적극 활용

★ "계좌정보 통합관리서비스"(www.payinfo.or.kr)를 활용하여 본인 모르게 개설된 계좌 또는 대출을 한눈에 확인

★ 본인 모르게 휴대폰이 개통되지 않도록 한국정보통신진흥협회의 명의도용 방지서비스(www.msafer.or.kr)를 통해 가입사실 현황 조회 서비스 및 가입제한 서비스 등 활용

■ 명절 허위 결제·택배 문자를 받은 경우

문자 내용에 포함된 URL주소를 클릭하거나 전화번호로 통화하지 말고 즉시 삭제

스미싱(Smishing)의 개념

■ 스미싱(Smishing)의 수법 진화

★ "스미싱(Smishing)" 이란 문자 메시지(SMS)와 피싱(phishing)의 합성어로 2012년도에 국내에 처음 등장한 신종 금융사기이다. 그 수법은 문자 메시지를 이용하여 악성 앱이나 악성코드를 휴대전화에 유포한 후 휴대전화 소액결제 관련 정보를 가로챈다.

★ 이후 게임 사이트에서 아이템 구매 등을 하여 소액결제 피해를 입힌다. 최근에는 파밍·피싱사이트 수법과 결합한 스미싱 수법이 등장하는 등 그 수법이 점차 진화하고 있다.

스미싱(Smishing) 피해 대처방법

■ 통신과금서비스 이용의 정정 요구

★ 통신과금서비스이용자는 통신과금서비스가 자신의 의사에 반하여 제공되었음을 안 때에는 통신과금서비스제공자에게 이에 대한 정정을 요구할 수 있으며(통신과금서비스이용자의 고의 또는 중과실이 있는 경우는 제외함), 통신과금서비스제공자는 그 정정 요구를 받은 날부터 2주 이내에 처리 결과를 알려 주어야 한다.

★ 이를 위반하여 통신과금서비스이용자의 요청에 대한 처리 결과를 통신과금서비스이용자에게 알려 주지 않거나 통신과금서비스에 관한 기록을 보존하지 않은 경우에는 1천만원 이하의 과태료가 부과된다.

■ 휴대폰 소액결제 피해 구제 방법

스미싱으로 의심되는 문자를 받았다면, 경찰청 사이버범죄 신고시스템(ECRM)(https://ecrm.cyber.go.kr/☎182)로 신고하고, 해당 이동통신사의 고객센터(☎114)에 소액결제서비스 차단을 신청하여 본인도 모르게 소액결제가 되지 않도록 해야 한다.

■ 모바일 결제 확인 및 취소하기

★ 스미싱 악성앱에 감염되면 모바일 결제 피해가 발생할 수 있다. 따라서 이동통신사에 모바일 결제 내역이 있는지 확인해야 한다.

① 통신사 고객센터를 통하여 최근 모바일 결제 내역 확인

② 모바일 결제 피해가 확인되면 피해가 의심되는 스미싱 문자 캡처

③ 통신사 고객센터를 통해 스미싱 피해 신고 및 '소액결제확인서' 발급
④ 소액결제확인서를 지참하여 관할 경찰서 사이버수사대 또는 민원실을 방문하여 사고 내역 신고
⑤ 사고 내역을 확인받고 '사건사고 사실 확인서' 발급
⑥ 사건사고 사실 확인서 등 필요서류를 지참하여 통신사 고객센터 방문 또는 팩스나 전자우편 발송
⑦ 통신사나 결제대행 업체에 사실 및 피해 내역 확인 후 피해보상 요구

■ 피해사실 신고하기
경찰서에서 발급받은 '사건사고 사실확인원'을 이동통신사, 게임사, 결제대행사 등 관련 사업자에게 제출하고 피해사실을 신고해야 한다.

■ 악성파일 삭제하기
★ 스마트폰 내 '다운로드' 앱을 실행하여 ① 문자를 클릭한 시점 이후에 확장자명이 'apk'인 파일 저장여부를 확인하고, ② 해당 'apk'파일을 삭제한다.
★ 악성파일이 삭제되지 않는 경우에는 ① 휴대전화 서비스센터에 방문하거나 ② 스마트폰을 초기화해야 한다.

■ 공동인증서[(구)공인인증서] 폐기 및 재발급하기
악성앱에 감염되었던 스마트폰으로 모바일 금융서비스를 이용했다면 공인인증서, 보안카드 등 금융거래에 필요한 정보가 유출되었을 가능성이 존재한다. 따라서 해당 정보를 폐기하고 재발급을 받아야 유

출된 금융 정보로 인한 2차 피해가 발생하는 것을 예방할 수 있다. 스마트폰에 보안카드등 금융 거래에 필요한 정보를 사진첩, 메모장에 기록했다면 폐기처분하고 재발급을 받아야 한다.

스미싱 피해를 예방하기 위한 기본 요령

- 모바일 백신 설치 및 실시간 감시 기능 설정
- 스마트폰 운영 체제 최신 업데이트
- 문자메세지 내 포함된 인터넷 주소(URL) 절대 클릭 금지
- 스마트폰 기본 운영 체제 변경 지양
- 스미싱 차단앱 설치
- 비밀번호 설정되지 않는 무선 공유기(WiFi)에 접속 지양
- 앱 다운로드시, 공식 애플리케이션 마켓 이용
- 스미싱 의심 문자 신고하기

파밍(Pharming)의 개념

■ 피싱(가짜)사이트로 유도

"파밍(Pharming)"이란 악성코드에 감염된 PC를 조작해, 이용자가 인터넷 '즐겨찾기' 또는 포털사이트를 통해 금융회사 홈페이지에 접속하여도 피싱(가짜)사이트로 유도되어 금융정보를 탈취하여 유출된 정보로 예금인출하는 방식을 뜻한다.

■ 파밍(Pharming) 최신 피해사례

★ 사기범이 원격지원으로 피해자 PC에 접속하여 직접 자금 이체한 사례
  사례1)

① 사기범은 검찰 사이버수사팀 수사관을 사칭하면서 피해자 A씨에게 접근하여, A씨 명의 계좌가 대포통장으로 사용되었으니 A씨가 명의도용된 피해자인지 여부를 확인하기 위해서는 컴퓨터에서 자금이체기록 등을 확인을 해야 한다고 하면서 컴퓨터를 켜게 한 후 '팀뷰어'라는 원격제어 프로그램을 설치토록 유도

② 이후 사기범은 가짜 검찰청사이트로 접속하여 사건 조회 검색을 통해 실제 사건임을 믿게 한 후, 계좌 안전조치를 취하기 위해서 계좌 지급정지 및 금융보호서비스를 신청해야 한다며 비밀번호, 공인인증서 번호 등 금융정보를 입력하게 하여 금융정보를 탈취

③ 이어서 사기범은 A씨에게 잠시 기다리라고 한 후, 원격제어를 통해 A씨 컴퓨터 화면을 보이지 않게 만든 후 인터넷뱅킹을 통해 사기범의 계좌(대포통장)로 4,140만원을 이체한 후 잠적

사례2)

① 사기범은 서초경찰서 지능범죄수사과 김태진 수사관을 사칭하면서 피해자 B씨에게 접근하여, 피해자의 계좌가 범죄에 연루되어 2, 3차 피해를 막기 위해서 보안강화를 위해 '팀뷰어' 프로그램을 설치토록 유도

② 이후 사기범은 B씨의 컴퓨터에서 가짜 검찰청 사이트로 접속하여 B씨에게 은행 계좌번호, 비밀번호 등을 입력하게 하는 방법으로 B씨의 개인금융정보를 탈취한 후, 보안강화작업을 진행하려고 하니 컴퓨터 모니터를 꺼두라고 지시

③ B씨가 컴퓨터 모니터를 끄자 사기범은 피해자의 컴퓨터에서 인터넷뱅킹을 통해 사기범의 계좌(대포통장)로 총 1,855만원을 이체한 후 잠적

★ 가짜 쇼핑몰 결제 팝업창

① 제주시 거주 강모씨(20대, 여)는 '13.3.27일 오후 4시경 인터넷쇼핑몰인 "△△감성"사이트에서 옷을 구매하면서 결제수단 중 실시간 계좌이체를 선택

② 인터넷뱅킹으로 계좌이체를 하기 위해 결제창 內 "뱅킹"버튼을 선택하였는데 악성코드에 감염된 PC로 인하여 N은행 피싱사이트로 유도되어 보안카드 코드번호 전체와 계좌비밀번호, 인터넷뱅킹아이디 등의 금융거래정보를 입력

③ 이후 피해자의 금융거래정보를 알아낸 사기범이 공인인증서를 재발급 받아 3.28일 새벽 1시경 피해자 명의의 인터넷뱅킹을 통해 258만원을 사기범계좌로 이체하여 편취

★ 금융감독원을 사칭하는 가짜 팝업창을 열게되어 감염
　① 금융사기범은 금융감독원을 사칭하여 스마트폰 팝업창 이용 개인정보 유출 여부를 확인하라는 팝업창을 발송하여 개인신용정보 탈취 피싱사이트로 유도
　② 확인을 누르면 금융감독원 사칭 홈페이지로 이동
　③ 금융감독원 사칭 도메인 주소와 정보를 정확히 입력하라는 안내창이 나타남
　④ 본인확인창에 카드번호, 카드유효기간, CVC번호, 비밀번호, 공동인증서 비밀번호, 이름, 주민등록번호 입력하라는 화면으로 이동
★ 금융감독원 금융민원센터 사이트를 위조한 피싱사이트 이용 사례
　① 피해자 C씨는 '카메라 구입 398,000원 지불'이라는 문자메시지를 받고, 해당 업체로 전화하여 물건을 구매한 사실이 없다고 하자, 결제를 취소해주겠다고 하여 전화를 끊음
　② 이후 사이버경찰청 최영호 팀장이라며 전화가 와서 C씨가 금융사기 피해를 당한 사실이 확인되었으니 통장 안전조치를 위해 금융감독원 e-민원센터 홈페이지로 접속하여 주민등록번호, 카드번호, 통장번호, 비밀번호, 공인인증번호를 입력하라고 지시
　③ 사기범은 탈취한 금융정보를 이용해 C씨의 계좌에서 사기범의 계좌로 총 4,578만원을 이체
★ 신용카드 이메일 명세서를 이용하여 악성코드를 유포
신용카드 이메일 명세서를 이용하여 악성코드를 유포하는 사례가 발견되어 이용자의 각별한 주의가 요망됩니다. 해커 또는 사기범이 고객에게 '3월 카드 거래내역'이란 제목으로 이메일을 발송한 후, 고객이 파일을 열면 주민등록번호를 입력하도록 하는 등 개

인정보 탈취를 시도하거나 PC가 다운되는 현상 발생

※ 이용자 유의사항

① 금융회사에 신청한 메일 주소와 상이한 이메일로 명세서가 올 경우, 열지 말고 즉시 삭제

② 금융회사의 경우 전체 보안카드 번호 등 사용자 정보의 입력을 요구하지 않고 있어, 절대로 사용자 정보를 입력하지 않기

③ 금융회사 홈페이지 등에 접속하여 PC백신프로그램 등을 이용하여 악성코드 탐지 및 제거

④ 정보유출 및 예금인출 사고를 당한 경우 즉시, 해당 금융회사에 신고하고 지급정지 요청하기 등

파밍(Pharming) 피해 대처방법

■ **지급정지 및 피해금 환급 신청**
★ 파밍 사기로 인해 금전적인 피해가 발생한 피해자는 다음과 같이
  지급정지 및 환급신청을 한다.
   - 신속히 경찰서나 금융회사 콜센터를 통해 지급정지 요청을 한 후
   - 해당 은행에 경찰이 발급한 '사건사고 사실확인원'을 제출하여
     피해금 환급 신청을 한다.

■ **지급정지·피해신고**
   - 경찰청 국번없이 ☎112
   - 금융회사 콜센터

■ **피해상담 및 환급금 환급안내**
   - 금융감독원 국번없이 ☎1332

■ **악성프로그램에 감염된 PC치료**
은행 등 금융회사 홈페이지 접속 시 다음과 같은 증상이 나타나면
이용 중인 PC가 악성프로그램에 감염되었을 가능성이 있으므로 PC
를 치료해야 한다.

파밍 피해를 예방하기 위한 기본 요령

- 사이트 주소가 정상인지 확인하고, 보안카드번호 전부는 절대 입력하지 말 것
- 보안카드 사진 등을 컴퓨터나 이메일에 저장하지 말 것
- OTP(일회성 비밀번호생성기),보안토큰(비밀번호 복사방지)등을 사용하기를 권장하며, '전자금융 사기 예방서비스'에 가입한다.
- 스마트폰 문자메세지에 포함된 인터넷주소 클릭하지 말 것
- 무료 다운로드 사이트의 이용을 자제하시고, 출처가 정확하지 않은 파일이나 이메일은 즉시 삭제할 것
- 윈도우, 백신프로그램 등을 최신상태로 유지할 것
- 파밍 등이 의심될 때에는 신속히 경찰청 112센터가 금융기관 콜센터를 통해 지급정지를 요청할 것

메모리해킹(Memory Hacking) 피해 대처방법

■ 지급정지 신청
메모리해킹 사기로 인해 금전적인 피해가 발생한 피해자는 신속히 경찰서나 금융회사 콜센터를 통해 지급정지 요청을 해야 한다.

■ 지급정지·피해신고
- 경찰청 국번없이 ☎112 / - 금융회사 콜센터

■ 피해상담
- 금융감독원 국번없이 ☎1332

■ 악성프로그램에 감염된 PC치료
은행 등 금융회사 홈페이지 접속 시 이상 증상이 나타나면 이용 중인 PC가 악성프로그램에 감염되었을 가능성이 있으므로 PC를 치료해야 한다.

■ 금융회사 등의 해킹에 따른 피해 보상
★ 금융회사 또는 전자금융업자는 전자금융거래를 위한 전자적 장치 또는 정보통신망에 침입하여 거짓이나 그 밖의 부정한 방법으로 획득한 접근매체의 이용으로 발생한 사고에 대하여 피해자의 고의·중과실을 입증하지 못하면 그 손해를 배상할 책임이 있다.

★ 따라서 피해자의 PC를 악성프로그램에 감염시켜 금융거래정보 등을 빼내는 메모리해킹 등의 해킹사고로 인해 피해가 발생한 경우는 해당 금융회사 등에 피해보상을 요구할 수 있다.

메모리 해킹 피해를 예방하기 위한 기본 요령

- 윈도우, 백신프로그램을 최신상태로 업데이트하시고, 실시간 감시 상태 유지할 것
- 영화. 음란물 등 무료다운로드 사이트 이용을 자제 하고, 출처가 확인되지 않은 파일이나 이메일은 열람하지 말고 즉시 삭제할 것
- 컴퓨터. 보안카드 사진, 비밀번호는 저장하지 말고, OTP(일회성 비밀번호생성기), 보안토큰(비밀번호 복사방지) 등을 사용할 것
- 전자금융사기 예방서비스에 가입한다.

▼성희롱에 대한 생활법률▼

일반적으로 "성희롱"이란 상대방이 원하지 않는 성적(性的)인 말이나 행동을 하여 상대방에게 성적 굴욕감이나 수치심을 느끼게 하는 행위를 말한다.

"성희롱"의 개념

■ "성희롱"이란?

일반적으로 "성희롱"이란 상대방이 원하지 않는 성적(性的)인 말이나 행동을 하여 상대방에게 성적 굴욕감이나 수치심을 느끼게 하는 행위를 말한다.

■ 국가인권위원회법에서의 성희롱

"성희롱"이란 업무, 고용 그 밖의 관계에서 공공기관의 종사자, 사용자 또는 근로자가 그 직위를 이용하거나 업무 등과 관련해 성적 언동 등으로 성적 굴욕감 또는 혐오감을 느끼게 하거나 성적 언동 그 밖의 요구 등에 대한 불응을 이유로 고용상의 불이익을 주는 것을 말한다.

■ 남녀고용평등과 일·가정 양립지원에 관한 법률에서의 성희롱

"직장 내 성희롱"이란 사업주·상급자 또는 근로자가 직장 내의 지위를 이용하거나 업무와 관련하여 다른 근로자에게 성적 언동 등으로 성적 굴욕감 또는 혐오감을 느끼게 하거나 성적 언동 또는 그 밖의 요구 등에 따르지 않았다는 이유로 근로조건 및 고용에서 불이익을 주는 것을 말한다.

■ 양성평등기본법에서의 성희롱

"성희롱"이란 업무, 고용, 그 밖의 관계에서 국가기관·지방자치단체 또는 각급 학교 및 공직 유관 단체의 종사자, 사용자 또는 근로자가 다음의 어느 하나에 해당하는 행위를 하는 경우를 말한다.

- 지위를 이용하거나 업무 등과 관련하여 성적 언동 등으로 상
  대방에게 성적 굴욕감이나 혐오감을 느끼게 하는 행위
- 상대방이 성적 언동 또는 성적 요구에 따르지 않는다는 이유
  로 불이익을 주거나 그에 따르는 것을 조건으로 이익 공여의
  의사표시를 하는 행위

★ 그 밖에 경범죄 처벌법에서는 직접 성희롱을 정의하고 있지는 않
  으나 신체의 과다노출로 다른 사람에게 부끄러움이나 불쾌감을
  주는 행위를 금지하고 있다. 또한, 성희롱이 그 정도를 넘어서 성
  범죄에 해당하거나 그 밖에 형사처벌의 대상이 되는 경우에는 형
  법, 성폭력범죄의 처벌 등에 관한 특례법 및 경범죄처벌법에 따
  라 형사처벌의 대상이 된다.

■ "성적 언동 등"의 의미
★ 남녀 간의 육체적 관계나 남성 또는 여성의 신체적 특징과 관련
  된 육체적, 언어적, 시각적 행위로서 사회공동체의 건전한 상식
  과 관행에 비추어 볼 때 객관적으로 상대방과 같은 처지에 있는
  일반적이고도 평균적인 사람에게 성적 굴욕감이나 혐오감을 느끼
  게 할 수 있는 행위를 말한다.
★ 성적 언동이 아닌 여성비하적인 발언이나 가부장적인 발언은 성
  희롱에 해당하지 않는다.
  ※ 예: 여성에게만 차심부름을 시키거나 '야'라고 부르는 경우

■ **"지위를 이용하거나 업무 등과 관련하여"의 의미**

★ 포괄적인 업무관련성을 나타낸 것으로서 업무수행의 기회나 업무 수행에 편승하여 성적 언동이 이루어진 경우뿐만 아니라 권한을 남용하거나 업무수행을 빙자하여 성적 언동을 한 경우도 성희롱에 포함된다.

★ 업무관련성이 인정되는지는 양 당사자의 관계, 행위가 행해진 장소 및 상황, 행위의 내용 및 정도 등의 구체적 사정을 고려해 판단해야 한다.

※ 지위를 이용하거나 업무관련성이 인정되는 경우라면 사업장 밖이나 근무시간 외에서의 행위라도 성희롱에 해당할 수 있다.

직장 내 성희롱의 금지

■ 직장 내 성희롱의 개념
"직장 내 성희롱"이란 사업주·상급자 또는 근로자가 직장에서의 지위를 이용하거나 업무와 관련하여 다른 근로자에게 성적 언동 등으로 성적 굴욕감 또는 혐오감을 느끼게 하거나 성적 언동 또는 그 밖의 요구 등에 따르지 아니하였다는 이유로 근로조건 및 고용에서 불이익을 주는 것을 말한다.

■ 직장 내 성희롱의 금지
★ 사업주, 상급자 또는 근로자는 직장 내 성희롱을 해서는 안 된다.
★ 이를 위반한 사업주는 다음의 구분에 따라 과태료를 부과받는다.
   - 직장 내 성희롱과 관련하여 최근 3년 이내에 과태료처분을 받은 사실이 있는 사람이 다시 직장 내 성희롱을 한 경우 : 1천만원
   - 한 사람에게 여러 차례 직장 내 성희롱을 하거나 2명 이상에게 직장 내 성희롱을 한 경우 : 500만원
   - 그 밖의 직장 내 성희롱을 한 경우 : 300만원

■ 성희롱 피해자의 범위
★ 남녀고용평등과 일·가정 양립 지원에 관한 법률에서는 피해자를 다른 근로자로 한정하고 있다.
★ 사업주는 피해자가 될 수 없다.
★ 일반적으로 여성 근로자가 대부분이지만, 남성의 경우에도 성희롱의 피해자가 될 수 있다.

★ 정규직이 아닌 아르바이트, 파트타임 등 비정규직 근로자도 피해자가 될 수 있으며, 모집·채용과정에 있는 구직자도 포함된다.

★ 업무에 연속성이 있고 같은 근로공간에서 근무하는 경우라면 협력업체 근로자도 피해자가 될 수 있다.

★ 퇴직한 경우에도 행위 당시 근로자인 경우에는 성희롱 피해자에 해당한다.

■ '지위를 이용하거나 업무 등과 관련하여' 성희롱 발생

★ 널리 업무와 관련성이 있으면 성희롱에 해당한다.

★ 업무수행의 기회나 업무수행에 편승하여 성적 언동이 이루어진 경우뿐 아니라 권한을 남용하거나 업무수행을 빙자하여 성적 언동을 한 경우도 성희롱에 포함된다.

★ 지위를 이용하거나 업무관련성이 인정되는 경우라면 퇴근길, 회식 자리나 야유회 등과 같이 사업장 밖이나 근무시간 외에서의 행위라도 성희롱에 해당할 수 있다.

성희롱 발생 시 사업주의 조치의무

■ 성희롱 발생 시 사업주의 조치의무

★ 사업주는 성희롱 발생 사실을 신고한 근로자 및 직장 내 성희롱과 관련하여 피해를 입은 근로자 또는 피해를 입었다고 주장하는 근로자에게 다음 중 어느 하나에 해당하는 불리한 처우를 해서는 안 된다.

- 파면, 해임, 해고, 그 밖에 신분상실에 해당하는 불이익 조치
- 징계, 정직, 감봉, 강등, 승진 제한 등 부당한 인사조치
- 직무 미부여, 직무 재배치, 그 밖에 본인의 의사에 반하는 인사조치
- 성과평가 또는 동료평가 등에서 차별이나 그에 따른 임금 또는 상여금 등의 차별 지급
- 직업능력 개발 및 향상을 위한 교육훈련 기회의 제한
- 집단 따돌림, 폭행 또는 폭언 등 정신적·신체적 손상을 가져오는 행위를 하거나 그 행위의 발생을 방치하는 행위
- 그 밖에 신고를 한 근로자 및 피해근로자등의 의사에 반하는 불리한 처우

★ 이를 위반한 자는 3년 이하의 징역 또는 3천만원 이하의 벌금에 처해진다.

★ 사업주는 조사 결과 직장 내 성희롱 발생 사실이 확인된 경우에는 지체 없이 직장 내 성희롱 행위를 한 사람에 대해 징계, 근무장소의 변경 등 필요한 조치를 해야 한다. 이를 위반한 사업주에게는 500만원의 과태료가 부과된다.

★ 이 경우 사업주는 징계 등의 조치를 하기 전에 그 조치에 대하여 직장 내 성희롱 피해를 입은 근로자의 의견을 들어야 한다.

공공기관 및 구금·보호시설에서의 성희롱 금지

■ 공공기관 및 구금·보호시설에서의 성희롱 금지

★ 공공기관의 종사자나 구금·보호시설에서 업무수행을 하는 자는 다른 종사자나 구금·보호시설 이용자 등 다른 사람을 성희롱해서는 안 된다.

★ "공공기관"이란 다음의 기관을 말한다.
 - 국가기관
 - 지방자치단체
 - 초·중등교육법 및 고등교육법 그 밖의 다른 법률에 따라 설치된 각급 학교
 - 공직유관단체

※ 공직유관단체
 정부 공직자윤리위원회는 다음에 해당하는 기관·단체를 공직유관단체로 지정할 수 있다.
 - 한국은행
 - 공기업
 - 정부의 출자·출연·보조를 받는 기관·단체(재출자·재출연 포함), 그 밖에 정부 업무를 위탁받아 수행하거나 대행하는 기관·단체
 - 지방공기업법에 따른 지방공사·지방공단 및 지방자치단체의 출자·출연·보조를 받는 기관·단체(재출자·재출연 포함), 그 밖에 지방자치단체의 업무를 위탁받아 수행하거나 대행하는 기관·단체
 - 임원 선임 시 중앙행정기관의 장 또는 지방자치단체의 장의

승인·동의·추천·제청 등이 필요한 기관·단체나 중앙행정기관의 장 또는 지방자치단체의 장이 임원을 선임·임명·위촉하는 기관·단체

★ "구금·보호시설"이란 다음의 시설을 말한다.

- 교도소·소년교도소·구치소 및 그 지소, 보호감호소, 치료감호시설, 소년원 및 소년분류심사원
- 경찰서 유치장 및 사법경찰관리가 그 직무수행을 위해 사람을 조사·유치 또는 수용하는 데 사용하는 시설
- 군교도소(지소·미결수용실 포함)
- 외국인보호소
- 다수인보호시설(아동복지시설, 장애인복지시설, 정신건강증진시설, 노숙인복지시설, 노인복지시설, 성매매피해자 등 지원시설, 갱생보호시설, 한부모가족복지시설)

공공장소에서의 성희롱의 금지

■ 공공장소에서의 성희롱 발생 유형
대중교통수단이나 공연·집회장소 그 밖에 공중이 밀집하는 장소에서 다른 사람에게 성적(性的) 언동을 하여 수치심을 느끼게 하거나 불쾌감을 느끼게 하는 경우도 성희롱에 해당한다.

■ 공중밀집장소에서의 추행
대중교통수단이나 공연·집회장소 그 밖에 공중(公衆)이 밀집하는 장소에서 사람을 추행한 사람은 3년 이하의 징역 또는 3000만원 이하의 벌금에 처해진다.

■ 성희롱 피해자의 대응
★ 수사기관에 대한 신고
  대중교통수단, 공연·집회장소 그 밖에 공중이 밀집하는 장소에서 다른 사람으로부터 추행을 당한 사람은 가해자를 수사기관에 신고할 수 있다.
★ 손해배상청구
  공공장소에서의 성희롱으로 인해 피해를 입은 경우 행위자에 대하여 손해배상을 청구할 수 있다.
★ 공공장소 등에서 성희롱을 당했더라도 가해자가 자신의 지위를 이용하거나 업무와 관련해 성희롱을 한 것이 아니라면 국가인권위원회법이나 남녀고용평등과 일·가정 양립 지원에 관한 법률에 따른 구제를 받을 수는 없다.

성희롱 가해자에 대한 손해배상청구

■ 성희롱 가해자에 대한 손해배상청구

★ 성희롱은 위법(違法)한 행위이므로 성희롱 피해자는 가해자에게 불법행위를 이유로 한 손해배상을 청구할 수 있다.

★ 고의 또는 과실로 인한 위법행위로 다른 사람에게 손해를 가한 경우 그 손해(적극적 손해, 소극적 손해 및 위자료)를 배상할 책임을 진다.

★ 불법행위의 성립을 주장하는 피해자가 가해자의 고의 또는 과실에 대해 입증해야 한다.

■ 손해배상청구

★ 불법행위 성립이 인정되는 경우 성희롱 피해자는 가해자에게 손해배상을 청구할 수 있다.

★ 성희롱으로 신체, 자유 또는 명예에 피해를 입었거나 정신적 고통을 받은 경우에는 재산 이외의 손해에 대해서도 배상을 청구할 수 있다.

★ 손해배상청구는 피해자나 그 법정대리인이 손해 및 가해자를 안 날로부터 3년 내에, 성희롱이 있은 날로부터 10년 내에 청구해야 한다.

★ 미성년자가 성희롱 침해를 당한 경우에 이로 인한 손해배상청구권의 소멸시효는 그가 성년이 될 때까지는 진행되지 않는다.

■ 사용자에 대한 손해배상청구

★ 다른 사람을 사용해 어느 사무에 종사하게 한 사람은 다른 사람이 그 사무집행에 관해 제3자에게 가한 손해를 배상할 책임이 있다.

※ '사무집행에 관하여'의 의미

　① 피용자의 불법행위가 객관적으로 사용자의 사업활동, 사무 집행행위 또는 그와 관련된 것이라고 보일 때에는 행위자 의 주관적 사정을 고려하지 않고 사무집행에 관하여 한 행 위로 본다는 것을 말한다.

　② 피용자가 다른 사람에게 가해행위를 한 경우 그 행위가 피 용자의 사무집행 그 자체는 아니더라도 사용자의 사업과 시간적·장소적으로 근접하고 피용자의 사무 전부 또는 일 부를 수행하는 과정에서 이루어지거나 가해행위의 동기가 업무처리와 관련된 것이라면, 사용자의 사무집행행위와 관 련된 것이라고 보아 사용자책임이 성립한다. 이때 사용자 가 위험 발생을 방지하기 위한 조치를 취하였는지 여부도 손해의 공평한 부담을 위하여 부가적으로 고려할 수 있다.

★ 사용자를 대신해 그 사무를 감독하는 사람도 이와 같은 책임을 진다.

▼스토킹과 데이트 폭력에 대한
생활법률▼

"스토킹행위"란 상대방 의사와 상관없이 의도적으로 계속 따라다니면서 정신적·신체적 피해를 입히는 행동을 말한다. 구체적으로 특정한 사람의 의사에 반하여 편지·전자우편·전화·팩스·컴퓨터 통신·선물·미행·감시·집과 직장 침입 등을 통해 공포와 불안을 반복적으로 주는 행위가 이에 해당한다.

"데이트폭력"이란 데이트관계에서 발생하는 언어적·정서적·경제적·성적·신체적 폭력으로, 헤어지자는 연인의 요청을 거절하거나, 이별하더라도 집요하게 스토킹으로 이어지는 것 역시 명백한 데이트폭력이다

스토킹과 스토킹범죄

■ 스토킹행위와 그 유형
"스토킹행위"란 상대방의 의사에 반하여 정당한 이유 없이 상대방 또는 그의 동거인이나 가족에 대해 다음의 어느 하나에 해당하는 행위를 함으로써 상대방에게 불안감 또는 공포심을 일으키는 것을 말한다.
- 접근하거나 따라다니거나 진로를 막아서는 행위
- 주거·직장·학교, 그 밖에 일상적으로 생활하는 장소(이하 "주거등"이라 함) 또는 그 부근에서 기다리거나 지켜보는 행위
- 우편·전화·팩스 또는 정보통신망을 이용해서 물건이나 글·말·부호·음향·그림·영상·화상(이하 "물건등"이라 함)을 도달하게 하는 행위
- 직접 또는 제3자를 통해 물건등을 도달하게 하거나 주거등 또는 그 부근에 물건등을 두는 행위
- 주거등 또는 그 부근에 놓여있는 물건등을 훼손하는 행위

■ "스토킹범죄"란?
★ "스토킹범죄"란 지속적으로 또는 반복적으로 스토킹행위를 하는 것을 말하며, "피해자"란 스토킹범죄로 인해 직접적인 피해를 입은 사람을 말한다.
★ 스토킹범죄는 흉기 또는 그 밖의 위험한 물건을 휴대하거나 이용해서 범죄를 저지른 경우가 아니라면 피해자가 구체적으로 밝힌 의사에 반하여 공소를 제기할 수 없는 반의사불벌죄(反意思不罰罪)에 해당한다.

■ 위반 시 제재

★ 스토킹범죄의 처벌 등에 관한 법률이 제정·시행되기 전 스토킹은 폭행, 살인 등 강력범죄로 이어지지 않는 한 주로 경범죄처벌법 상 "지속적 괴롭힘"으로 분류되어 10만원 이하의 벌금이나 구류 또는 과료에 그쳤다.

★ 경미한 처벌에 그쳤던 스토킹범죄는 스토킹범죄의 처벌 등에 관한 법률의 시행으로 처벌이 강화되어 3년 이하의 징역 또는 3천만원 이하의 벌금에 처해지며, 흉기 또는 그 밖의 위험한 물건을 휴대하거나 이용해서 스토킹범죄를 저지르는 경우에는 5년 이하의 징역 또는 5천만원 이하의 벌금에 처해진다.

★ 또한 법원은 스토킹범죄를 저지른 사람에 대해 다음의 구분에 따라 재범 예방에 필요한 ① 수강명령, ② 스토킹 치료프로그램 이수명령 또는 ③ 보호관찰·사회봉사중 하나 이상의 처분을 병과할 수 있다.
  - 유죄판결(선고유예는 제외)을 선고하거나 약식명령을 고지하는 경우 : 200시간의 범위에서 수강명령 또는 스토킹 치료프로그램 이수 명령 병과
  - 집행유예인 경우 : 200시간 범위에서의 수강명령 외에 집행유예 기간 내에서 보호관찰 또는 사회봉사 중 하나 이상의 처분 병과

★ 수강명령·이수명령을 부과받은 후 정당한 사유 없이 수강명령·이수명령 이행에 관한 지시에 불응하여 경고를 받은 후 다시 정당한 사유 없이 지시에 불응한 사람은 500만원 이하의 과태료에 처해지며, 위반 횟수에 따라 과태료가 가중되어 부과된다.

데이트폭력과 그 유형

■ "데이트폭력"이란?
★ "데이트폭력"이란 데이트관계에서 발생하는 언어적·정서적·경제적·성적·신체적 폭력으로, 헤어지자는 연인의 요청을 거절하거나, 이별하더라도 집요하게 스토킹으로 이어지는 것 역시 명백한 데이트폭력이다.

★ "데이트관계"란 좁게는 데이트나 연애를 목적으로 만나고 있거나 만난 적이 있는 관계와 넓게는 맞선·부킹·소개팅·채팅 등을 통해 연인관계로 발전할 수 있는 가능성을 인정하고 만나는 관계까지 포괄하며, 또한 사귀는 것은 아니나 호감을 갖고 있는 상태인 '썸 타는 관계'까지 포함된다.

■ 데이트폭력의 유형
★ 데이트폭력은 다음과 같이 구분할 수 있습니다
① 통제
 - 누구와 함께 있는지 항상 확인한다.
 - 옷차림을 제한한다.
 - 내가 하는 일이 자신의 마음에 들지 않으면 그만두게 한다.
 - 일정을 통제하고 간섭한다.
 - 휴대폰, 이메일, SNS 등을 자주 점검한다.
② 언어적·정서적·경제적 폭력
 - 욕을 하거나 모욕적인 말을 한다.
 - 위협을 느낄 정도로 소리 지른다.

- 안 좋은 일이 있을 때 "너 때문이야"라는 말을 한다.
- 나를 괴롭히기 위해 악의에 찬 말을 한다.
- 내가 형편없는 사람이라고 느낄 정도로 비난한다.

③ 신체적 폭력
- 팔목이나 몸을 힘껏 움켜쥔다.
- 세게 밀친다.
- 팔을 비틀거나 머리채를 잡는다.
- 폭행으로 삐거나 살짝 멍/상처가 생긴 적이 있다.
- 뺨을 때린다.

④ 성적 폭력
- 나의 의사에 상관없이 신체부위를 만진다.
- 내가 원하지 않는데 애무를 한다.
- 나의 기분에 상관없이 키스를 한다.
- 내가 원하지 않는데 성관계를 강요한다.

■ 데이트폭력 통념깨기

★ 피해자가 데이트폭력을 당할 만한 짓을 했을 것이다?
갈등의 이유가 무엇이든 소리를 지르거나 폭력적으로 해결하는 것은 잘못된 방법이다. 폭력은 어떠한 이유로도 정당화될 수 없고, 어떠한 폭력도 허용해선 안 된다.
데이트폭력 가해자는 폭력을 행사할 수밖에 없는 원인을 피해자에게 돌리기 때문에 피해자에게 '나만 잘하면 가해자가, 관계가 달라질 수 있다'고 생각하게끔 만들고 폭력이 지속되게 한다.

★ 때리지만 않으면 정말 괜찮은 사람이다?
가해자는 자신의 폭력을 실수로 포장하거나 폭력 행사 이후 더욱 다정하게 대해 가해자의 폭력이 잘못됐음을 피해자가 인지하지 못하게 한다. 폭력은 경중, 빈도수를 막론하고 폭력일 뿐이다.

★ 피해자도 좋으니까 계속 만나는 것이다?

데이트폭력을 사소한 문제로 보는 시선, 심리사회적 고립, 일상화된 폭력 등이 적극적 대항을 어렵게 하기 때문이다. 이것이 친밀한 관계의 폭력이 가진 특징이다. 헤어진 이후 보복에 대한 두려움으로 인해 이별을 통보하지 못하는 경우도 많다. 데이트폭력 피해자는 '좋게 헤어지는 것'이 가능하다고 믿거나 두려움으로 스스로를 자책하면서 관계를 지속하게 되므로 주변의 지지와 도움이 필요하다.

어디로 도움을 요청해야 하나요?

■ 상담소의 설치·운영

★ 스토킹이나 데이트폭력으로 인해 어려움을 겪고 있다면 국가 또는 지방자치단체가 설치·운영하고 있는 상담소로 도움을 요청할 수 있다.

★ 또한 국가나 지방자치단체 외의 비영리법인·단체 또는 개인이 특별시장·광역시장·특별자치시장·도지사·특별자치도지사 또는 시장·군수·구청장에게 신고하여 설치·운영하고 있는 상담소에서도 필요한 도움을 받을 수 있다.

■ 상담소의 업무

★ 상담소에서는 스토킹이나 데이트폭력으로 인해 겪는 일상의 어려움 등에 대한 상담은 물론 의료비 지원, 법률상담 및 전문심리상담 연계 등 필요한 지원을 받을 수 있다.

- 피해 신고접수 및 관련 상담
- 피해로 인해 정상적인 가정생활과 사회생활이 어렵거나 그 밖의 사정으로 긴급히 보호할 필요가 있는 피해자 등의 임시보호 또는 의료기관·보호시설로의 인도
- 행위자에 대한 고소와 피해배상청구 등 법률적 사항에 관한 자문을 위해 대한법률구조공단 등 관계 기관에 필요한 협조 및 지원 요청
- 피해 예방 및 방지를 위한 교육 및 홍보
- 그 밖에 관련 조사·연구 등

■ **도움을 요청할 수 있는 상담소 및 해바라기센터**

★ 해바라기센터

"해바라기센터"란 성폭력 피해상담·치료·수사지원 및 그 밖에 피해구제를 위한 지원업무를 종합적으로 수행하기 위한 성폭력피해자통합지원센터로, ① 국가나 지방자치단체가 설치·운영하는 여성정책 관련 기관, ② 종합병원, ③ 지방의료원 또는 ④ 그 밖에 성폭력방지 및 피해자 보호를 주된 업무로 하는 비영리법인 또는 단체에 설치·운영하고 있다

전국 39개 센터가 기능에 따라 통합형·위기지원형·아동형으로 구분되어 운영 중이며, 365일 24시간 상담 및 신고가 가능하다.

★ 각 지역의 성폭력·가정폭력 상담소
  - 한국여성의 전화
    · 상담시간: 평일 10시~17시
    · 방문상담 시 사전예약 필요
    · 전국 상담소 안내(www.hotline.or.kr/counsel_info)
  - YWCA 성폭력·가정폭력상담소
    · 전화상담 및 온라인상담 가능
    · 방문상담의 경우 상담소별로 다르므로 확인 필요
    · 전국 상담소 안내(www.ywca.or.kr/localywca/social_service)
  - 남성의 전화(서울가정폭력상담센터)
    · 상담시간: 평일 10시~17시(금요일 오후 18시~20시 야간상담 가능)
    · 방문상담 시 사전예약 필요
    · 상담 관련 안내(www.manhotline.or.kr)
  - 한사회장애인성폭력상담센터
    · 상담시간: 평일 10시~17시

· 방문상담 시 사전예약 필요

· 상담 관련 안내(www.kswpc.or.kr)

- 디지털 성범죄 특화상담소

  불법촬영물 등으로 어려움을 겪고 있다면 디지털 성범죄 특화 상담소에서 전문적인 상담을 받을 수 있는 것은 물론, 디지털 성범죄피해자지원센터(https://d4u.stop.or.kr)와 연계하여 불법 촬영물 삭제와 피해자 수사·법률·의료 등의 사후지원 및 치유회복 프로그램 등 필요한 지원을 받을 수 있다.

■ 전화상담

★ 스토킹이나 데이트폭력으로 상담이 필요한 경우 상담소에 직접 방문해도 되지만 긴급한 구조·보호 또는 상담이 필요한 경우 언제라도 전화를 통해 상담을 받을 수 있도록 여성가족부는 긴급전화센터인 "여성긴급전화 1366"을 운영하고 있다.

★ "여성긴급전화 1366"은 365일 24시간 운영되고 있으며, 주요 업무는 다음과 같다.

- 피해자의 신고접수 및 상담

- 관련 기관·시설과의 연계

- 피해자에 대한 긴급한 구조의 지원

- 경찰관서 등으로부터 인도받은 피해자 및 피해자가 동반한 가정구성원의 임시보호

■ 온라인 상담

"여성긴급전화 1366", 해바라기센터 및 성폭력 상담소 등은 모바일 환경변화에 발맞춰 언제 어디서나 이용 가능한 온라인 상담 서비스를 제공하고 있다.

피해자에게 더욱 가혹한 2차 피해

■ **"2차 피해"란?**

★ "2차 피해"란 피해자가 ① 수사·재판·보호·진료·언론보도 등 사건
처리 및 회복의 전 과정에서 입는 정신적·신체적·경제적 피해,
② 집단 따돌림, 폭행 또는 폭언, 그 밖에 정신적·신체적 손상을
가져오는 행위로 인한 피해(정보통신망을 이용한 행위로 인한 피
해 포함) 또는 ③ 사용자로부터 폭력피해 신고 등을 이유로 입은
다음의 어느 하나에 해당하는 불이익조치로 인한 피해를 입는
것을 말한다.
- 파면·해임·해고, 그 밖에 신분상실에 해당하는 신분상의 불이
  익조치
- 징계·정직·감봉·강등·승진 제한, 그 밖에 부당한 인사조치
- 전보·전근·직무 미부여·직무 재배치, 그 밖에 본인의 의사에 반
  하는 인사조치
- 성과평가·동료평가 등에서의 차별과 그에 따른 임금·상여금 등
  의 차별 지급
- 교육·훈련 등 자기계발 기회의 취소, 예산·인력 등 가용자원의
  제한·제거, 보안정보·비밀정보 사용의 정지 또는 취급 자격의
  취소, 그 밖에 근무조건 등에 부정적 영향을 미치는 차별·조치
- 주의 대상자 명단 작성 또는 그 명단의 공개, 집단 따돌림, 폭
  행·폭언, 그 밖에 정신적·신체적 손상을 가져오는 행위
- 직무에 대한 부당한 감사·조사나 그 결과의 공개

- 인허가 등의 취소, 그 밖에 행정적 불이익을 주는 행위
- 물품계약·용역계약의 해지, 그 밖에 경제적 불이익을 주는 조치

■ 2차 피해 방지를 위한 노력

★ 국가와 지방자치단체는 2차 피해를 방지하기 위해 2차 피해 방지지침과 업무 관련자 교육 등 필요한 대책을 마련해야 하며, 2차 피해가 발생한 경우에는 그 피해를 최소화할 수 있는 조치를 취해야 한다

★ 다음의 어느 하나에 해당하는 수사기관의 장은 사건 담당자 등 업무 관련자를 대상으로 매년 1시간 이상 2차 피해 방지교육을 실시해야 하며, 그 실시 결과를 다음 연도 2월 말까지 여성가족부장관에게 제출해야 한다.
- 대검찰청·고등검찰청·지방검찰청 및 지방검찰청 지청
- 군검찰부
- 경찰청·시·도경찰청 및 경찰서
- 해양경찰청·지방해양경찰청 및 해양경찰서
- 군사법경찰관의 직무를 수행하는 군인 또는 군무원이 소속된 부대
- 사법경찰관리의 직무를 수행하는 공무원이 소속된 기관

직장 내 2차 피해

■ **직장 내 피해자에 대한 불이익처분 금지**

★ 피해자를 고용하고 있는 자는 누구든지 가정폭력범죄와 관련하여 피해자를 해고하거나 그 밖의 불이익을 주어서는 안 된다.

★ 누구든지 피해자 또는 성폭력 발생 사실을 신고한 자를 고용하고 있는 자는 성폭력과 관련하여 피해자 또는 성폭력 발생 사실을 신고한 자에게 다음의 어느 하나에 해당하는 불이익조치를 해서는 안 된다.
- 파면·해임·해고, 그 밖에 신분상실에 해당하는 불이익조치
- 징계·정직·감봉·강등·승진 제한, 그 밖의 부당한 인사조치
- 전보·전근·직무 미부여·직무 재배치, 그 밖에 본인의 의사에 반하는 인사조치
- 성과평가·동료평가 등에서의 차별이나 그에 따른 임금·상여금 등의 차별 지급
- 직업능력 개발 및 향상을 위한 교육훈련 기회의 제한, 예산·인력 등 가용자원의 제한·제거, 보안정보·비밀정보 사용의 정지 또는 취급자격의 취소, 그 밖에 근무조건 등에 부정적 영향을 미치는 차별·조치
- 주의 대상자 명단 작성 또는 그 명단의 공개, 집단 따돌림, 폭행·폭언 등 정신적·신체적 손상을 가져오는 행위 또는 그 행위의 발생을 방치하는 행위
- 직무에 대한 부당한 감사·조사나 그 결과의 공개
- 그 밖에 본인의 의사에 반하는 불이익조치

■ **위반 시 제재**

★ 직장 내 피해자 또는 피해 발생 사실을 신고한 사람에게 해고 등의 불이익을 준 자는 3년 이하의 징역 또는 3천만원 이하의 벌금에 처해진다.

★ 법인의 대표자나 법인 또는 개인의 대리인, 사용인, 그 밖의 종사자가 그 법인 또는 개인의 업무에 관해 피해자에게 불이익을 준 경우 그 행위자를 벌하는 외에 그 법인 또는 개인 또한 3천만원 이하의 벌금형에 처해진다. 다만, 법인 또는 개인이 그 위반행위를 방지하기 위해 해당 업무에 관해 상당한 주의와 감독을 게을리하지 않은 경우에는 그렇지 않다.

형사절차에서의 2차 피해

■ 피해 접수 및 동행 시

★ 경찰관은 2차 피해를 방지하기 위해 ① 다른 경찰관서 관할이거나 피의자 특정 곤란, 증거 부족 등의 사유로 사건을 반려하는 행위, ② 피해자를 비난하거나 합리적인 이유 없이 피해 사실을 축소 또는 부정하는 행위, ③ 가해자에 동조하거나 피해자에게 가해자와 합의할 것을 종용하는 행위 등을 하지 않도록 유의해야 한다.

★ 성폭력, 아동학대, 가정폭력 등 피해자에 대한 특별한 배려가 필요한 사건을 접수한 경찰관은 담당 부서의 피해자보호관 등에게 인계하여 상담을 받을 수 있도록 조치하고, 피해사실의 접수 여부와 관계 없이 피해자가 원하는 경우 피해자지원제도 및 유관기관·단체에 대한 정보를 제공하고 인계하도록 노력한다.

★ 경찰관은 피해자를 경찰관서나 성폭력피해자통합지원센터 등으로 동행하는 경우 피해자의 의사를 확인해야 하며, 경찰관서로 동행 시 피의자와 분리하여 피해자에 대한 위해나 보복을 방지한다.

■ 조사 및 이후 절차

★ 경찰관은 조사 시작 전 피해자에게 가족 등 피해자와 신뢰관계에 있는 자를 참여시킬 수 있음을 고지해야 하며, 사건을 처리하는 과정에서 권위적인 태도나 불필요한 질문을 삼가고, 피의자와 대질심사가 어려운 경우에는 피의자와 분리해서 조사하는 등 피해자에게 2차 피해를 주지 않도록 해야 한다.

★ 또한 경찰은 강력범죄 피해자와 같이 신원이 노출되면 안 되는 피해자에 대해서는 신변안전과 심리적 안정감을 느낄 수 있는 장소에서 조사할 수 있도록 하고, 심리적 충격 등이 심각해서 조사과정에서 2차 피해의 우려가 큰 경우에는 피해자 전담경찰관과 협의하여 피해자와의 접촉을 자제하고 피해자전담경찰관이 피해자에 대한 심리평가 및 상담을 실시하도록 노력한다.

★ 사법경찰관은 수사 진행상황을 고소인·고발인·피해자 또는 그 법정대리인에게 통지해야 하는데, 사건관계인에 대한 보복범죄나 2차 피해가 우려되는 경우에는 수사 진행상황을 통지하지 않을 수 있다. 이 경우 그 사실을 수사보고서로 작성해서 사건기록에 편철해야 한다.

★ 또한 사법경찰관은 피혐의자와 진정인·탄원인·피해자 또는 그 법정대리인에게 불입건 결정 통지를 해야 하는데, 통지로 이해 보복범죄 또는 2차 피해 등이 우려되는 경우에는 불입건 결정을 통지하지 않을 수 있으며, 이 경우 그 사실을 입건전조사 보고서로 작성해서 사건기록에 편철해야 한다.

▼금전거래에 대한 생활법률▼

"금전거래"란 양 당사자가 금전을 빌리고 빌려주는 계약을 하는 것을 말하며, 금전거래는 통상 은행이나 대부업자를 통한 대출로 이루어질 수도 있고, 개인 간에 이루어질 수도 있다. 우리 민법에서는 이를 "금전소비대차"라 한다. "금전소비대차"는 당사자 일방이 금전의 소유권을 상대방에게 이전할 것을 약정하고 상대방은 같은 금액으로 반환할 것을 약정함으로써 그 효력이 생긴다.

금전거래의 의의

■ **"금전거래"란?**

★ "금전거래"란 양 당사자가 금전을 빌리고 빌려주는 계약을 하는 것을 말하며, 금전거래는 통상 은행이나 대부업자를 통한 대출로 이루어질 수도 있고, 개인 간에 이루어질 수도 있다. 우리 민법에서는 이를 "금전소비대차"라 한다.

★ "금전소비대차"는 당사자 일방이 금전의 소유권을 상대방에게 이전할 것을 약정하고 상대방은 같은 금액으로 반환할 것을 약정함으로써 그 효력이 생긴다.

■ **금전소비대차 계약의 체결**

★ 계약의 합의와 계약서의 작성

금전소비대차 계약은 대주(貸主: 돈을 빌려주는 사람, 즉 채권자)와 차주(借主: 돈을 빌리는 사람, 즉 채무자)가 돈을 빌리고 빌려주기로 합의하면 성립한다. 따라서 금전소비대차계약서를 작성해야 계약이 이루어지는 것은 아니며, 계약은 구두합의로도 가능하다.

그러나 계약서를 작성하지 않으면 차주가 돈을 갚지 않거나 대주가 기한보다 일찍 돈을 요구하는 경우 등의 법률분쟁이 발생했을 때 이를 해결하기 어려울 수 있다. 따라서 금전소비대차계약을 체결할 때에는 차용증(금전소비대차계약서)을 작성하는 것이 좋다.

★ 계약 체결 시 금전교부가 반드시 필요한지 여부

금전소비대차계약은 당사자 사이의 합의만으로 성립하는 계약(낙성계약: 諾成契約)이므로 대주가 차주에게 금전을 교부하지 않아도 계약이 성립한다. 따라서 금전소비대차계약이 체결되면 대주는 차주에게 돈을 빌려주어야 하고, 차주는 변제기에 이를 갚아야 한다.

금전소비대차의 종류

■ 무이자 소비대차
우리 민법에 따라 금전소비대차는 무이자인 것이 원칙이고, 이자를 받으려면 반드시 이자약정을 해야 한다.

■ 이자부 소비대차
금전소비대차계약을 체결할 때 이자를 약정할 수 있다. 당사자 사이에 이자 있음은 약정하였으나 이율은 약정하지 않은 경우에는 연 5%의 민사상 법정이율이 적용된다.

금전소비대차의 효력

■ 대주(채권자)의 의무
돈을 빌려주기로 계약한 경우, 대주는 금전을 차주에게 지급해야 한다.

■ 차주(채무자)의 의무
★ 차주는 변제기에 그가 빌려쓴 금전을 반환해야 한다.
★ 반환시기의 약정이 있으면 그 약정시기에, 약정이 없으면 대주가 상당한 기간을 정하여 반환을 최고(催告)하면 그 때 반환해야 한다.
★ 반환시기의 약정이 없으면 차주는 언제라도 반환할 수 있다.
★ 이자에 대한 약정이 있으면 차주는 원금과 함께 이자를 지급할 의무를 진다.
  - 이율은 연 20%를 초과하지 않는 범위에서 당사자가 자유롭게 정할 수 있고, 약정이율이 없으면 법정이율(연 5%)에 따른 이자를 지급해야 한다.
  - 연 20%를 초과하여 이자를 받은 자는 1년 이하의 징역 또는 1천만원 이하의 벌금에 처해지며, 이 경우 징역형과 벌금형은 병과(倂科)될 수 있다.
  - 이자 있는 소비대차는 차주가 목적물을 인도받은 때부터 이자를 계산해야 하며, 차주가 그 책임 있는 사유로 수령을 지체할 때에는 대주가 이행을 제공한 때부터 이자를 계산해야 한다.
★ 대주가 원금과 이자를 확보하기 위해 차주에게 담보제공의무를 지우는 경우에는 이를 제공해야 한다.

채권자를 위한 체크리스트

■ 채무자의 신분을 확인해야 한다.

★ 채무자의 신상(주민등록번호, 전화번호, 주소 등)을 정확하게 파악해야 한다.

★ 채무자가 대리인을 내세운 경우, 예를 들어 부인이 남편 명의로 돈을 빌리는 경우에는 본인에게 채무부담의 의사를 확인해야 하고, 대리인의 신상과 위임장을 확인해야 한다.

■ 차용증을 정확하게 작성해야 한다.

금전소비대차계약의 기본사항인 원금, 이자, 변제기일, 변제장소, 기한이익의 상실 등을 차용증에 정확하게 작성해야 한다.

■ 채무자의 변제자력이 부족한 경우에는 담보를 얻는 것이 좋다.

채무자의 변제자력(辨濟資力)이 부족한 경우 보증 또는 연대보증과 같은 인적담보나 저당권설정 등의 물적담보를 얻는 것이 좋다.

■ 차용증의 증거력을 확보하고 보관을 확실하게 하기 위해 차용증을 공증하는 것이 좋다.

★ 차용증은 차용증의 증거능력을 확보하고 보관을 확실하게 하기 위해 공증하는 것이 좋다.

★ 공증은 계약서를 인증하는 방식으로 이루어질 수도 있고, 계약서를 공정증서로 작성하는 방식으로 이루어질 수도 있다.

채무자를 위한 체크리스트

■ 채권자의 신분을 확인해야 한다.
채권자의 신분을 확인해야 한다. 특히 채권자가 대부업 등의 등록 및 금융이용자 보호에 관한 법률에 따른 등록을 하지 않은 미등록 대부업자인 경우에는 대부업 등의 등록 및 금융이용자 보호에 관한 법률에 따른 각종 규제를 받게 된다.

■ 차용증을 정확하게 작성해야 합니다.
금전소비대차계약의 기본사항인 원금, 이자, 변제기일, 변제장소, 기한이익의 상실 등을 차용증에 정확하게 작성해야 한다.

※ [차용증 작성의 예시]
차용증은 다음과 같은 방식으로 작성합니다.

금전소비대차계약서

채권자 김○○(800101-123○○○○)
　　　　　　서울시 종로구 삼청동 ○○ 번지
채무자 이○○(850101-134○○○○)
　　　　　　서울시 종로구 수송동 ○○ 번지

1. 채무자는 채권자로부터 금 일천만원(10,000,000원)을 2022. 3. 1부터 1년간 연 10%의 이자로 빌려 갑니다.
2. 만약 변제기에 채무자가 갚지 않을 경우에는 연 30%의 지체이

자를 물게 됩니다.
3. 다음의 경우에는 기한이익이 상실되어 변제기 전이라도 이를 변
   제해야 합니다.
   가. 채무자가 담보를 손상하거나, 감소 또는 멸실하게 한 때
   나. 채무자가 담보제공의 의무를 이행하지 않은 때
   다. 채무자가 파산한 때

                                        2022. 3. 1.

                                채권자 김○○ (인)
                                채무자 이○○ (인)

※ 위의 작성례에서 2. 3.사항만이 특약을 통한 부기사항이고, 나머
  지는 필수사항이다.

■ **차용증의 증거력을 확보하고 보관을 확실하게 하기 위해 차용증을 공
  증하는 것이 좋다.**

★ 차용증의 분실 위험을 막고, 그 증거력을 확보하기 위해 차용증
  을 공증할 수 있다.

★ 공증은 계약서를 인증하는 방식으로 이루어질 수도 있고, 계약서
  를 공정증서로 작성하는 방식으로 이루어질 수도 있다.

■ **변제 시 영수증을 작성하여 일정기간 보관해야 한다.**

★ 채권자에게 채무를 전부변제하거나 또는 일부변제를 하는 경우
  그 사항에 관해 영수증을 작성해 두어야 한다.

★ 영수증은 채권의 이중변제를 막기 위해 소멸시효기간 동안 보관

해야 하는데, 통상의 경우 민사채권은 10년간 행사하지 않으면 소멸시효가 완성된다.

■ **채권자의 불법추심을 주의해야 한다.**
채권추심을 위해 채무자에게 폭행과 협박을 하는 등 채권자의 정당한 권리행사를 넘어선 불법추심행위가 기승을 부리고 있다.

금전채권의 소멸시효

■ 소멸시효의 의의

★ "소멸시효"란 권리자가 그의 권리를 행사할 수 있었음에도 불구하고 일정한 기간 동안 그 권리를 행사하지 않는 상태 즉 권리불행사의 상태가 계속된 경우에 그 자의 권리를 소멸시키는 제도를 말한다.

★ 소멸시효제도는 일정한 기간 계속된 사회질서를 유지하고, 시간의 경과로 인해 곤란하게 되는 증거보전으로부터의 구제 또는 자기의 권리를 행사하지 않고 권리 위에 잠자는 자를 법의 보호에서 제외하기 위한 것이다.

★ 소멸시효기간의 만료로 소멸시효가 완성되면 채권은 당연히 소멸한다.

★ 원본채권이 시효로 소멸하면 이자채권도 함께 시효로 소멸한다.

■ 채권의 소멸시효 기간

★ 민사채권
민사채권은 10년간 행사하지 않으면 소멸시효가 완성된다.

★ 상사채권
금전거래의 원인이 상행위로 인한 경우에는 상법에 다른 규정이 없는 때에는 5년간 행사하지 않으면 소멸시효가 완성된다. 그러나 다른 법령에 이보다 단기의 시효의 규정이 있는 때에는 그 규정에 따른다.

★ 1년 이내의 기간으로 정한 이자채권
1년 이내의 기간으로 정한 이자채권은 3년간 행사하지 않으면

소멸시효가 완성된다. 1년 이내의 기간으로 정한 이자채권이란 1
년 이내의 정기로(예를 들어 매달 이자를 주기로 하는 경우) 지
급되는 채권이라는 뜻이며, 변제기가 1년 이내의 채권이라는 의
미가 아니다.

■ **판결 등에 따라 확정된 채권의 소멸시효**

★ 판결에 의하여 확정된 채권은 단기의 소멸시효에 해당한 것이라
도 그 소멸시효는 10년으로 한다.

★ 파산절차에 의하여 확정된 채권 및 재판상의 화해, 조정 그 밖에
판결과 동일한 효력이 있는 것에 의하여 확정된 채권도 그 소멸
시효는 10년으로 한다.

★ 판결확정 당시에 변제기가 도래하지 않은 채권은 판결 등에 의해
확정되었더라도 10년으로 연장되지 않는다.

독촉절차

■ 독촉절차의 의의

★ "독촉절차"란 금전 그 밖의 대체물이나 유가증권의 일정 수량의 지급을 목적으로 하는 청구권에 관해서 채무자가 다투지 않을 것으로 예상될 경우, 채권자가 간이·신속·저렴하게 집행권원을 얻는 절차를 말한다.

★ 독촉절차는 채권자가 지급명령을 얻는 방법으로 이루어진다.

★ 채권자의 지급명령 신청으로 그 명령이 결정되면 채권자는 집행권원을 받게 된다.

■ 독촉절차의 장점

독촉절차는 일반 민사소송과 달리 당사자가 소환되지 않으며, 소명 방법이 필요하지 않고, 인지액이 저렴하므로 간이·신속·경제의 면에서 유용하다.

■ 지급명령의 신청

★ 지급명령의 요건

① 금전, 그 밖에 대체물이나 유가증권의 일정한 수량의 지급을 목적으로 하는 청구에 대한 것이어야 한다.

② 채권자가 신청을 해야 한다.

③ 대한민국에서 공시송달 외의 방법으로 송달할 수 있는 경우에 한한다.

★ 관할법원
독촉절차는 다음의 관할법원을 전속관할로 한다.
 - 채무자의 주소가 있는 곳의 지방법원
 - 근무지
 - 거소지 또는 의무이행지
 - 어음수표지급지
 - 사업소·영업소 소재지
 - 불법행위지

■ **지급명령 신청절차**
지급명령의 신청에는 그 성질에 어긋나지 않으면 소에 관한 규정이
준용된다. 따라서 채권자는 지급명령신청서를 관할법원에 제출함으
로써 독촉절차가 진행된다.

[서식 예] 지급명령신청서(대여금청구의 독촉사건)

지 급 명 령 신 청

채권자 ○○○(주민등록번호)
　　　　○○시 ○○구 ○○길 ○○(우편번호 ○○○○○)
　　　　전화.휴대폰번호:
　　　　팩스번호, 전자우편(e-mail)주소:
채무자 ◇◇◇(주민등록번호)
　　　　○○시 ○○구 ○○길 ○○(우편번호 ○○○○○)
　　　　전화.휴대폰번호:

팩스번호, 전자우편(e-mail)주소:

대여금청구의 독촉사건

청구금액 : 금 5,000,000원

신 청 취 지

채무자는 채권자에게 금 5,000,000원 및 이에 대한 20○○. ○.
○.부터 이 사건 지급명령결정정본을 송달 받는 날까지는 연 12%,
그 다음날부터 다 갚는 날까지는 연 12%의 각 비율에 의한 금액 및
아래 독촉절차비용을 합한 금액을 지급하라는 지급명령을 구합니다.

아   래

금   원   독촉절차비용

내   역

금   원   인   지   대
금   원   송   달   료

신 청 이 유

1. 채권자는 채무자에게 20○○. ○. ○. 금 5,000,000원을 대여
   해주면서 변제기한은 같은 해 ○○. ○, 이자는 월 1%를 지
   급 받기로 한 사실이 있습니다.

2. 그런데 채무자는 위 변제기일이 지났음에도 불구하고 원금은 고사하고 약정한 이자까지도 채무이행을 하지 아니하므로 채권자는 채무자에게 위 원금 및 지연이자를 변제할 것을 여러 차례에 걸쳐 독촉하자 채무자는 원금 및 지연이자를 20○○. ○. ○○.까지 지급하겠다며 지불각서까지 작성하여 주고서도 이마저도 전혀 이행치 않고 있습니다.

3. 따라서 채권자는 채무자로부터 위 대여금 5,000,000원 및 이에 대한 20○○. ○. ○.부터 이 사건 지급명령결정정본을 송달 받는 날까지는 약정한 이자인 연 12%(계산의 편의상 월 1%를 연단위로 환산함), 그 다음날부터 다 갚는 날까지는 소송촉진등에관한특례법에서 정한 연 12%의 각 비율에 의한 이자, 지연손해금 및 독촉절차비용을 합한 금액의 지급을 받기 위하여 이 사건 신청을 하기에 이르게 된 것입니다.

첨 부 서 류

  1. 지불각서   1통
  1. 송달료납부서   1통

20○○. ○○. ○○.

위 채권자 ○○○ (서명 또는 날인)

○○지방법원 귀중

■ **지급명령 신청의 각하**

★ 지급명령의 신청이 금전, 그 밖에 대체물이나 유가증권의 일정한 수량의 지급을 목적으로 하는 청구가 아니거나 또는 잘못된 관할 법원에 지급명령을 신청한 경우 또는 신청의 취지로 보아 청구에 정당한 이유가 없는 것이 명백한 때에는 그 신청을 각하해야 한다. 청구의 일부에 대하여 지급명령을 할 수 없는 때에 그 일부에 대하여도 또한 각하해야 한다.

★ 신청을 각하하는 결정에 대해서는 불복할 수 없다.

■ **지급명령의 결정**

★ 지급명령을 하지 않는 경우

① 채권자는 법원으로부터 채무자의 주소를 보정하라는 명령을 받은 경우에 소제기신청을 할 수 있다.

② 지급명령을 공시송달에 의하지 않고는 송달할 수 없거나 외국으로 송달하여야 할 때에는 법원은 직권에 의한 결정으로 사건을 소송절차에 부칠 수 있다.

③ 소송절차로의 이행결정에 대해서는 불복할 수 없다.

★ 지급명령을 결정하는 경우

① 지급명령은 채무자를 심문하지 않고 한다.

② 지급명령에는 당사자, 법정대리인, 청구의 취지와 원인을 적고, 채무자가 지급명령이 송달된 날부터 2주 이내에 이의신청을 할 수 있다는 것을 덧붙여 적어야 한다.

③ 지급명령은 당사자에게 송달해야 한다.

채무자의 이의신청

■ 이의신청
채무자는 지급명령에 대하여 이의신청을 할 수 있다.

[서식 예] 지급명령 이의신청서

이 의 신 청

사 건 번 호   20○○차○○○
신 청 인(채무자)   ◇◇◇
피신청인(채권자)   ○○○

신 청 취 지

  위 당사자간 귀원 대여금청구의 독촉사건에 관한 지급명령 결정정본을 채무자는 20○○. ○. ○.에 송달 받았으나 이에 불복하므로 이의신청합니다.

20○○.　○○.　○○.
위 신청인(채무자) ◇◇◇ (서명 또는 날인)

○○지방법원 귀중

■ 이의신청의 효력
★ 채무자가 지급명령을 송달받은 날부터 2주 이내에 이의신청을 한 때에는 지급명령은 그 범위 안에서 효력을 잃게 된다.
★ 이의신청을 할 수 있는 기간은 불변기간이다.
※ "불변기간"이란 통상의 기간과는 달리 법원이 부가기간을 정할 수 있으나, 이를 늘이거나 줄이는 신축을 할 수 없다. 단, 당사자에게 책임을 돌릴 수 없는 사유로 불변기간이 경과되었을 경우 그 사유가 없어진 날부터 2주 이내에는 추후보완이 허용된다.

■ 이의신청의 각하
법원은 이의신청이 부적법하다고 인정한 때에는 결정으로 이를 각하해야 한다. 이의신청의 각하에 대하여는 즉시항고를 할 수 있다.

■ 소송으로의 이행
★ 채권자가 법원으로부터 채무자의 주소를 보정하라는 명령을 받았을 때 소제기신청을 한 경우, 또는 법원이 지급명령신청사건을 소송절차에 부치는 결정을 한 경우에는 지급명령을 신청한 때에 소가 제기된 것으로 본다.
★ 채무자가 지급명령에 대하여 적법한 이의신청을 한 경우에는 지급명령을 신청한 때에 이의신청된 청구목적의 값에 관하여 소가 제기된 것으로 본다.

■ 소송으로의 이행에 따른 처리
★ 민사소송법 제472조의 규정에 따라 소가 제기된 것으로 보는 경우, 지급명령을 발령한 법원은 채권자에게 상당한 기간을 정하

여, 소를 제기하는 경우 소장에 붙여야 할 인지액에서 소제기신청 또는 지급명령신청시에 붙인 인지액을 뺀 액수의 인지를 보정하도록 명해야 한다.

★ 채권자가 법원이 정한 상당한 기간 이내에 인지를 보정하지 않은 때에는 위 법원은 결정으로 지급명령신청서를 각하해야 한다. 이 결정에 대하여는 즉시항고를 할 수 있다.

★ 인지가 보정되면 법원사무관 등은 바로 소송기록을 관할법원에 보내야 한다. 이 경우 사건이 합의부의 관할에 해당되면 법원사무관등은 바로 소송기록을 관할법원 합의부에 보내야 한다.

★ 독촉절차가 소송으로 이행된 경우에는 독촉절차의 비용은 소송비용의 일부가 된다.

■ 지급명령의 효력

지급명령에 대하여 이의신청이 없거나, 이의신청을 취하하거나, 각하결정이 확정된 때에는 지급명령은 확정판결과 같은 효력이 있다.

▼고소·고발에 대한 생활법률▼

"고소"란 범죄의 피해자와 그 법정대리인 그 밖의 일정한 고소권자가 범죄사실을 수사기관에 알려 그 범죄를 기소해 달라는 의사를 표명하는 것을 말한다. 친고죄에 대해서는 고소가 없으면 기소할 수 없다.

"고발"이란 고소와 마찬가지로 범죄사실을 수사기관에 고함으로써 그 범죄의 기소를 바란다는 의사를 표명하는 행위를 말한다. 고발은 고소권자 이외의 제3자는 누구나 할 수 있다는 점에서 고소와 구별된다.

고소(告訴)에 대한 생활법률

■ 고소권자

★ 범죄로 인한 피해자는 고소할 수 있다.

★ "고소"란 범죄의 피해자와 그 법정대리인 그 밖의 일정한 고소권자가 범죄사실을 수사기관에 알려 그 범죄를 기소해 달라는 의사를 표명하는 것을 말한다. 친고죄에 대해서는 고소가 없으면 기소할 수 없다.

■ 비피해자인 고소권자

★ 피해자의 법정대리인은 독립하여 고소할 수 있다.

★ 피해자가 사망한 때에는 그 배우자, 직계친족 또는 형제자매는 고소할 수 있다. 다만, 피해자의 명시한 의사에 반하지 못한다.

★ 피해자의 법정대리인이 피의자이거나 법정대리인의 친족이 피의자인 때에는 피해자의 친족은 독립하여 고소할 수 있다.

※ "피의자"란 경찰이나 검사 등의 수사기관으로부터 범죄의 의심을 받아 수사를 받고 있는 사람으로, 공소가 제기되기 전인 사람을 말한다. 피의자가 기소된 후는 '피고인'이라고 부른다.

★ 고소는 대리인으로 하여금 하게 할 수 있다.

■ 수인(數人)의 고소권자

고소할 수 있는 자가 수인인 경우에는 1인의 기간의 해태(懈怠)는 타인의 고소에 영향이 없다.

■ 고소장 제출처

고소장은 피고소인의 주소지, 거소지, 현재지 또는 범죄지를 관할하는 수사기관에 제출하는 것이 원칙이다. 다만, 사정이 있어 직접 제출하는 것이 곤란할 경우에는 우편이나 대리인(이 경우 고소인의 위임장과 인감증명서 첨부)을 통해 제출하면 된다.

■ 고소의 제한

자기 또는 배우자의 직계존속은 고소하지 못한다.

■ 고소의 방식

★ 고소는 서면 또는 구술로써 검사 또는 사법경찰관에게 해야 한다.
★ 검사 또는 사법경찰관이 구술에 의한 고소를 받은 때에는 조서를 작성해야 한다.

[서식 예] 고소장(폭행죄)

```
                      고   소   장

고 소 인    ○  ○  ○
                  ○○시 ○○구 ○○길 ○○ (전화번호     )
                  주민등록번호 : 111111 - 1111111
                  직업 :
피고소인    △  △  △
                  ○○시 ○○구 ○○길 ○○ (전화번호     )
                  주민등록번호 : 111111 - 1111111
                  직업 :
```

고소인은 피고소인에 대하여 다음과 같이 고소하오니 철저히 조사하여 법에 따라서 처벌하여 주시기 바랍니다.

다 음

피고소인은 일정한 직업이 없는 자로서 20○○. ○. ○. ○○:○○경 ○○시 ○○구 ○○길 ○○번지 소재 고소인이 경영하는 '○○음식점'에 들어와서 공연히 종업원에게 시비를 걸어 욕설을 하면서 행패를 부리는 것을 고소인이 말리자 피고소인은 고소인에게 너도 똑같은 놈이라며 뺨을 때리고 머리채를 잡아 흔드는 등 폭행을 가한 사실이 있어 고소하오니 조사하여 엄벌하여 주시기 바랍니다.

첨 부 서 류

1. 진단서   1통
2. 목격자 진술서   1통

20○○년   ○월   ○일
위 고소인   ○   ○   ○ (인)

○○경찰서장(또는 ○○지방검찰청 검사장) 귀 중

■ 고소와 사법경찰관의 조치

사법경찰관이 고소를 받은 때에는 신속히 조사하여 관계서류와 증거물을 검사에게 송부해야 한다.

■ 고소의 취소

★ 고소는 제1심 판결선고전까지 취소할 수 있다.

★ 고소를 취소한 자는 다시 고소할 수 없다.

★ 피해자의 명시한 의사에 반하여 공소를 제기할 수 없는 사건에서 처벌을 원하는 의사표시를 철회한 경우에도 형사소송법 제232조 제1항과 제2항의 규정을 준용한다.

■ 대리인의 고소 취소

고소의 취소는 대리인으로 하여금 하게 할 수 있다.

■ 고소 취소의 방식

★ 고소 취소는 서면 또는 구술로써 검사 또는 사법경찰관에게 해야 한다.

★ 검사 또는 사법경찰관이 구술에 의한 고소 취소를 받은 때에는 조서를 작성해야 한다.

■ 고소의 불가분

친고죄의 공범 중 그 1인 또는 수인에 대한 고소 또는 그 취소는 다른 공범자에 대하여도 효력이 있다.

[서식 예] 고소취소서

고 소 취 소 서

고 소 인   ○ ○ ○
피고소인   △ △ △

고소인이 20○○. ○. ○. 피고소인을 ◎◎혐의로 고소한 사건에 관하여 당사자는 원만히 합의하였기에 고소인은 그 고소를 취하합니다.

20○○. ○. ○.
고 소 인   ○ ○ ○ (인)

○○경찰서장(또는 ○○지방검찰청 검사장) 귀 중

■ 고소 취소와 사법경찰관의 조치

사법경찰관이 고소 취소를 받은 때에는 신속히 조사하여 관계서류와 증거물을 검사에게 송부해야 한다.

■ 허위로 고소하는 경우의 처벌

만약 타인으로 하여금 형사처벌 받게 할 목적으로 허위로 고소한 것이 밝혀지면 형법상 무고죄가 성립할 수 있다.

고발(告發)에 대한 생활법률

■ 고발할 수 있는 사람
★ 누구든지 범죄가 있다고 사료하는 때에는 고발할 수 있다.
★ "고발"이란 고소와 마찬가지로 범죄사실을 수사기관에 고함으로써 그 범죄의 기소를 바란다는 의사를 표명하는 행위를 말한다. 고발은 고소권자 이외의 제3자는 누구나 할 수 있다는 점에서 고소와 구별된다.
★ 공무원은 그 직무를 행함에 있어 범죄가 있다고 사료하는 때에는 고발해야 한다.

■ 고발의 제한
자기 또는 배우자의 직계존속을 고발하지 못한다.

■ 고발의 방식
★ 고발은 서면 또는 구술로써 검사 또는 사법경찰관에게 해야 한다.
★ 검사 또는 사법경찰관이 구술에 의한 고발을 받은 때에는 조서를 작성해야 한다.

[서식 예] 고발장(도박죄)

고 발 장

고 발 인 ○ ○ ○
        ○○시 ○○구 ○○길 ○○
피고발인 김 △ △
        ○○시 ○○구 ○○길 ○○
        이 △ △
        ○○시 ○○구 ○○길 ○○
        박 △ △
        ○○시 ○○구 ○○길 ○○
        최 △ △
        ○○시 ○○구 ○○길 ○○

고 발 사 실

1. 피고발인들은 20○○. ○.경 각자 친구들을 통하여 서로 알게 되어 20○○. ○. ○. ○○시 ○○구 ○○길 ○○모텔에서 ○○:○○경부터 ○○:○○까지 1점당 ○○원씩 수십 회에 걸쳐 금 ○,○○○,○○○원을 걸고 고스톱을 친 사실이 있습니다.
2. 며칠 후인 20○○. ○. ○. 저녁 그들은 ○○시 ○○구 ○○호텔에서 다시 만나 이번에는 기왕 치는 것 화끈하게 치자며 점당 ○,○○○원씩 당일 ○○:○○부터 그 다음날 ○○:○○까지 수십회에 걸쳐 도합 ○○,○○○,○○○원을 걸고 고스톱을 치고,
3. 그 다음날 같은 장소에서 같은 방법으로 점당 ○○,○○○원씩

○○여회에 걸쳐 도합 금 ○○,○○○,○○○원을 걸고 도박행위를 한 사실이 있는 자들이기에 고발조치 하오니 엄밀히 조사하여 법에 따라 엄격하게 처벌하시기 바랍니다.

입 증 방 법

추후 제출하겠습니다.

20○○년　○월　○일

위　고 발 인　○　○　○ (인)

○○경찰서장(또는 ○○지방검찰청 검사장) 귀 중

■ 고발과 사법경찰관의 조치

사법경찰관이 고발을 받은 때에는 신속히 조사하여 관계서류와 증거물을 검사에게 송부해야 한다.

■ 고발 취소의 방식

★ 고발 취소는 서면 또는 구술로써 검사 또는 사법경찰관에게 해야 한다.

★ 검사 또는 사법경찰관이 구술에 의한 고발 취소를 받은 때에는 조서를 작성해야 한다.

■ 고발의 취소와 사법경찰관의 조치

사법경찰관이 고발 취소를 받은 때에는 신속히 조사하여 관계서류와 증거물을 검사에게 송부해야 한다.

▼인터넷 명예훼손에 대한 생활법률▼

"인터넷 명예훼손"이란 사람을 비방(誹謗)할 목적으로 정보통신망을 통하여 공연히 사실 또는 거짓의 사실을 적시하여 타인의 명예를 훼손하는 행위로써, "사이버공간에서 행해지는 명예훼손"을 말한다. 인터넷 명예훼손은 인터넷 게시판이나 카페 또는 트위터 등에 공개적으로 작성한 게시글이 타인의 명예를 훼손하는 경우에 성립될 수 있다.

인터넷 명예훼손의 의의

■ 인터넷 명예훼손의 의의

★ "인터넷 명예훼손"이란 사람을 비방(誹謗)할 목적으로 정보통신망을 통하여 공연히 사실 또는 거짓의 사실을 적시하여 타인의 명예를 훼손하는 행위로써, "사이버공간에서 행해지는 명예훼손"을 말한다.

★ 인터넷 명예훼손은 인터넷 게시판이나 카페 또는 트위터 등에 공개적으로 작성한 게시글이 타인의 명예를 훼손하는 경우에 성립될 수 있다. 예를 들어, 일반 개인 또는 연예인이나 스포츠선수와 같은 공인, 기업체·공공기관·학교 등 법인이나 단체에 대한 비방내용을 포털사이트 게시판 등 불특정 또는 다수가 볼 수 있는 공간에 게시하는 경우가 이에 해당될 수 있을 것이다.

★ 명예훼손죄는 어떤 특정한 사람 또는 인격을 보유하는 단체에 대하여 그 명예를 훼손함으로써 성립하는 것이므로 그 피해자는 특정한 것임을 요한다. 다만, OO 시민 또는 OO 도민 등과 같은 막연한 표시에 의해서는 명예훼손죄를 구성하지 아니한다고 할 것이지만, 집합적 명사를 쓴 경우에도 그것에 의하여 그 범위에 속하는 특정인을 가리키는 것이 명백하면, 이는 각자의 명예를 훼손하는 행위라고 볼 수 있다.

인터넷 명예훼손의 요건

■ 사람을 비방할 목적

★ 인터넷 명예훼손이 성립하기 위하여는 "사람을 비방할 목적"이 필요한데, 이것은 가해(加害)의 의사 내지 목적을 요하는 것으로서, 사람을 비방할 목적이 있는지 여부는 해당 적시 사실의 내용과 성질, 해당 사실의 공표가 이루어진 상대방의 범위, 그 표현의 방법 등 그 표현 자체에 관한 제반 사정을 감안함과 동시에 그 표현에 의하여 훼손되거나 훼손될 수 있는 명예의 침해 정도 등을 비교, 고려하여 결정된다.

★ "사람을 비방할 목적"이 없이 정보통신망을 통하여 공연히 사실 또는 거짓의 사실을 적시하여 타인의 명예를 훼손하는 경우나 타인을 모욕하는 경우에는 「형법」에 따른 명예훼손죄, 모욕죄 등으로 처벌받을 수 있다.

■ 정보통신망

★ "정보통신망"이란 전기통신설비를 이용하거나 전기통신설비와 컴퓨터 및 컴퓨터의 이용기술을 활용하여 정보를 수집·가공·저장·검색·송신 또는 수신하는 정보통신체제를 말한다.

★ "전기통신설비"란 유선·무선·광선 및 기타의 전자적 방식에 의하여 부호·문언·음향 또는 영상을 송신하거나 수신하기 위한 기계·기구·선로 기타 전기통신에 필요한 설비를 말한다.

■ 사실 또는 거짓의 사실의 적시

★ 인터넷 명예훼손이 성립하기 위해서 "사실 또는 거짓의 사실의 적시"가 있어야 하는데, 이는 타인의 인격에 대한 사회적 가치 내지 평가가 침해될 가능성이 있을 정도로 구체성을 띠어야 함을 의미한다.

★ "사실"이란 현실화되고 입증이 가능한 과거 또는 현재의 구체적인 사건이나 상태를 의미하며 장래의 사건은 사실에 포함되지 않는다.

★ "적시"란 명예훼손적인 사실을 사회나 외부에 표시·주장·발설·전달하는 일체의 행위를 의미한다.

★ "사실의 적시"는 가치판단이나 평가를 내용으로 하는 의견표현에 대치되는 개념으로서 시간과 공간적으로 구체적인 과거 또는 현재의 사실관계에 관한 보고 내지 진술을 의미하는 것이며, 그 표현내용이 증거에 의한 입증이 가능한 것을 말하고 판단할 진술이 사실인가 또는 의견인가를 구별함에 있어서는 언어의 통상적 의미와 용법, 입증가능성, 문제된 말이 사용된 문맥, 그 표현이 행하여진 사회적 상황 등 전체적 정황을 고려하여 판단한다.

★ "사실의 적시"는 사실을 직접적으로 표현한 경우에 한정될 것은 아니고, 간접적이고 우회적인 표현에 의하더라도 그 표현의 전체 취지에 비추어 그와 같은 사실의 존재를 암시하고, 또 이로써 특정인의 사회적 가치 내지 평가가 침해될 가능성이 있을 정도의 구체성이 있으면 족하다.

인터넷 명예훼손의 대표적인 사례

인터넷 명예훼손의 대표적인 사례로는 다음과 같은 것을 들 수 있다.

■ **비방: 공개적으로 타인에 대해 나쁘다고 말하거나 헐뜯는 행위**

★ 사례

OO 카페에서 쇼핑몰을 운영하다가 정리한 지 1년 정도 되었습니다. 그런데 그 당시 저한테 안 좋은 감정을 가지고 있었던 분들이 심한 욕설과 함께 실명을 거론하는 글을 올렸습니다. 제가 쇼핑몰을 정리하면서 환불을 다 안 해줬다고 하면서……. 공개글로 올려놓은 상태라 저를 모르는 분들에게도 저는 마치 사기꾼처럼 인식되고 있습니다.

■ **폭로: 타인과 관련된 부정이나 비밀과 관련하여 특정 사실 또는 거짓의 사실을 유포하는 행위**

★ 사례

결혼하기 전부터 직장에서 아주 친하게 지냈던 남자상사가 있습니다. 그래서 가끔 근무시간에 메신저로 사적인 얘기도 하고, 공적인 얘기도 하면서 지냈는데 며칠 전 직장동료가 제가 잠깐 자리를 비운 사이에 남자상사와 제가 나눈 메신저 대화내용을 저장하여 복사한 후 회사게시판에 올렸습니다. 그 일이 있은 후, 저와 상사의 관계를 부도덕적으로 바라보는 시선에 어쩔 수 없이 직장을 그만 두게 되었습니다.

■ **사생활 침해: 타인의 사생활을 공개적으로 다른 사람에게 알리는 행위**

★ 사례

헤어진 옛 애인이 저의 사생활 및 이메일 주소를 알아내 이를 주변사람들에게 알리고 제 사생활을(제가 OO 와 잤다는 등) 공개적으로 만천하에 알리고 있습니다. 자신과 결혼하지 않는다는 것에 앙심을 품고 'OO 카페' 게시판에 제 사생활을 폭로하겠다면서 협박하고 있습니다.

■ **인터넷 명예훼손죄와 사이버 모욕죄의 다른 점**

인터넷 명예훼손죄와 사이버 모욕죄의 보호법익은 사람의 가치에 대한 사회적 평가인 이른바 외부적 명예인 점은 같다. 다만 인터넷 명예훼손죄는 사람의 사회적 평가를 저하시킬 만한 구체적 사실의 적시를 하여 명예를 침해함을 요한다는 점이 구체적 사실이 아닌 단순한 추상적 판단이나 경멸적 감정의 표현으로서 사회적 평가를 저하시키는 사이버 모욕죄와 다르다.

인터넷 명예훼손의 신고와 상담

■ 인터넷 명예훼손의 온라인 신고

인터넷 명예훼손을 당한 사람은 경찰청 사이버안전국의 인터넷 홈페이지를 통하여 범죄 사실을 경찰에 신고할 수 있다.

■ 방송통신심의위원회의 인터넷 명예훼손 상담서비스

인터넷 명예훼손에 대하여 방송통신심의위원회의 전자민원 또는 상담전화(국번없이 1377)를 통하여 상담을 받을 수 있다.

인터넷 명예훼손의 처벌

■ 인터넷 명예훼손의 유형 및 처벌

★ 사람을 비방할 목적으로 정보통신망을 통해 공공연하게 사실을 드러내어 다른 사람의 명예를 훼손한 자는 3년 이하의 징역 또는 3천만원 이하의 벌금에 처해진다.

※ 위의 죄는 피해자가 구체적으로 밝힌 의사에 반해 공소를 제기할 수 없다.

★ 사람을 비방할 목적으로 정보통신망을 통해 공공연하게 거짓의 사실을 드러내어 다른 사람의 명예를 훼손한 자는 7년 이하의 징역, 10년 이하의 자격정지 또는 5천만원 이하의 벌금에 처해진다.

※ 위의 죄는 피해자가 구체적으로 밝힌 의사에 반하여 공소를 제기할 수 없다.

★ 피해자가 구체적으로 밝힌 의사에 반하여 공소를 제기할 수 없는 죄를 "반의사불벌죄(反意思不罰罪)"라고 한다. "반의사불벌죄"란 피해자가 그 처벌을 희망하지 않는다면 처벌을 할 수 없는 죄를 말하는데, 이는 피해자의 고소가 없이도 처벌할 수 있으나 피해자가 적극적으로 처벌하지 않기를 희망하는 의사를 표시한 때에는 형벌권이 소멸하기 때문에 해제조건부(解除條件附) 범죄라고도 한다. 국가형벌권의 작용을 피해자의 의사에 매이게 하는 점에서 친고죄(親告罪)와 같으나 고소가 없어도 공소를 제기할 수 있는 점에서 친고죄와 다르다.

■ **인터넷에서 알게 된 사실을 퍼나르는 경우에도 명예훼손으로 처벌**

글이 게시된 사정이나 정황, 글의 성격, 의도 등 구체적인 사실관계의 확인이 필요하나, 인터넷을 통해 알게 된 글을 그대로 복사해 공개적인 게시판에 올리는 행위 역시 사이버명예훼손죄가 성립될 여지가 있다. 왜냐하면 진실한 사실의 적시도 공공의 이익에 적합한 것이 아닌 이상 문제의 글과 관련된 사람들에 대한 명예훼손의 문제가 제기될 수가 있기 때문이다. 따라서 향후로는 이러한 일이 없도록 유의해야 한다.

정보의 삭제요청 및 임시조치

■ 정보의 삭제 또는 반박 내용의 게재 요청

★ 정보통신망을 통하여 일반에게 공개를 목적으로 제공된 정보로 명예훼손 등 타인의 권리가 침해된 경우 그 침해를 받은 자는 해당 정보를 처리한 정보통신서비스 제공자에게 침해사실을 소명하여 그 정보의 삭제 또는 반박내용의 게재를 요청할 수 있다.

※ "정보"란 특정 목적을 위하여 광(光) 또는 전자적 방식으로 처리되어 부호, 문자, 음성, 음향 및 영상 등으로 표현된 모든 종류의 자료 또는 지식을 말한다.

※ "정보통신서비스 제공자"란 전기통신사업자와 영리를 목적으로 전기통신사업자의 전기통신역무를 이용하여 정보를 제공하거나 정보의 제공을 매개하는 자를 말한다.

★ 정보통신서비스 제공자는 위의 해당 정보의 삭제등을 요청받으면 지체 없이 삭제·임시조치 등의 필요한 조치를 하고 즉시 신청인 및 정보게재자에게 알려야 한다.

★ 이 경우 정보통신서비스 제공자는 삭제·임시조치 등의 필요한 조치를 한 사실을 해당 게시판에 공시하는 등의 방법으로 이용자가 알 수 있도록 하여야 한다

※ "게시판"이란 그 명칭과 관계없이 정보통신망을 이용하여 일반에게 공개할 목적으로 부호·문자·음성·음향·화상·동영상 등의 정보를 이용자가 게재할 수 있는 컴퓨터 프로그램이나 기술적 장치를 말한다.

■ **정보통신서비스 제공자의 임시조치**

★ 정보통신서비스 제공자는 정보의 삭제요청에도 불구하고 권리의 침해 여부를 판단하기 어렵거나 이해당사자 간에 다툼이 예상되는 경우에는 해당 정보에 대한 접근을 임시적으로 차단하는 조치를 할 수 있다.

★ 임시조치의 기간
임시조치의 기간은 30일 이내로 한다.

■ **필요한 조치 내용·절차 등의 약관 명시**

정보통신서비스 제공자는 필요한 조치에 관한 내용·절차 등을 미리 약관에 구체적으로 밝혀야 한다.

■ **정보통신서비스 제공자의 배상책임 감경 등**

정보통신서비스 제공자는 자신이 운영·관리하는 정보통신망에 유통되는 정보에 대하여 정보통신망 이용촉진 및 정보보호 등에 관한 법률에 따른 필요한 조치를 하면 이로 인한 배상책임을 줄이거나 면제받을 수 있다.

▼ 학교폭력에 대한 생활법률 ▼

"학교폭력"이란 학교 내외에서 학생을 대상으로 발생한 상해, 폭행, 감금, 협박, 약취·유인, 명예훼손·모욕, 공갈, 강요·강제적인 심부름 및 성폭력, 따돌림, 사이버 따돌림, 정보통신망을 이용한 음란·폭력 정보 등에 의하여 신체·정신 또는 재산상의 피해를 수반하는 행위를 말한다.

학교폭력의 개념

■ **"학교폭력"이란?**

★ "학교폭력"이란 학교 내외에서 학생을 대상으로 발생한 상해, 폭행, 감금, 협박, 약취·유인, 명예훼손·모욕, 공갈, 강요·강제적인 심부름 및 성폭력, 따돌림, 사이버 따돌림, 정보통신망을 이용한 음란·폭력 정보 등에 의하여 신체·정신 또는 재산상의 피해를 수반하는 행위를 말한다.

★ "따돌림"이란 학교 내외에서 2명 이상의 학생들이 특정인이나 특정집단의 학생들을 대상으로 지속적이거나 반복적으로 신체적 또는 심리적 공격을 가하여 상대방이 고통을 느끼도록 하는 모든 행위를 말한다.

★ "사이버 따돌림"이란 인터넷, 휴대전화 등 정보통신기기를 이용하여 학생들이 특정 학생들을 대상으로 지속적, 반복적으로 심리적 공격을 가하거나, 특정 학생과 관련된 개인정보 또는 허위사실을 유포하여 상대방이 고통을 느끼도록 하는 모든 행위를 말한다.

학교폭력의 유형

■ 학교폭력의 유형

학교폭력의 유형은 다음과 같다.

★ 신체폭력
- 신체를 손, 발로 때리는 등 고통을 가하는 행위(상해, 폭행)
- 일정한 장소에서 쉽게 나오지 못하도록 하는 행위(감금)
- 강제(폭행, 협박)로 일정한 장소로 데리고 가는 행위(약취)
- 상대방을 속이거나 유혹해서 일정한 장소로 데리고 가는 행위(유인)
- 장난을 빙자한 꼬집기, 때리기, 힘껏 밀치기 등 상대학생이 폭력으로 인식하는 행위

★ 언어폭력
- 여러 사람 앞에서 상대방의 명예를 훼손하는 구체적인 말(성격, 능력, 배경 등)을 하거나 그런 내용의 글을 인터넷, SNS 등으로 퍼뜨리는 행위(명예훼손)

  ※ 내용이 진실이라고 하더라도 범죄이고, 허위인 경우에는 형법상 가중 처벌 대상이 됨

- 여러 사람 앞에서 모욕적인 용어(생김새에 대한 놀림, 병신, 바보 등 상대방을 비하하는 내용)를 지속적으로 말하거나 그런 내용의 글을 인터넷, SNS등으로 퍼뜨리는 행위(모욕)
- 신체 등에 해를 끼칠 듯한 언행("죽을래" 등)과 문자메시지 등으로 겁을 주는 행위(협박)

★ 금품갈취(공갈)
- 돌려 줄 생각이 없으면서 돈을 요구하는 행위
- 옷, 문구류 등을 빌린다며 되돌려주지 않는 행위
- 일부러 물품을 망가뜨리는 행위
- 돈을 걷어오라고 하는 행위

★ 강요
- 속칭 빵 셔틀, 와이파이 셔틀, 과제 대행, 게임 대행, 심부름 강요 등 의사에 반하는 행동을 강요하는 행위(강제적 심부름)
- 폭행 또는 협박으로 상대방의 권리행사를 방해하거나 해야 할 의무가 없는 일을 하게 하는 행위(강요)

★ 따돌림
- 집단적으로 상대방을 의도적이고, 반복적으로 피하는 행위
- 싫어하는 말로 바보 취급 등 놀리기, 빈정거림, 면박주기, 겁주는 행동, 골탕 먹이기, 비웃기
- 다른 학생들과 어울리지 못하도록 막는 행위

★ 성폭력
- 폭행·협박을 하여 성행위를 강제하거나 유사 성행위, 성기에 이물질을 삽입하는 등의 행위
- 상대방에게 폭행과 협박을 하면서 성적 모멸감을 느끼도록 신체적 접촉을 하는 행위
- 성적인 말과 행동을 함으로써 상대방이 성적 굴욕감, 수치감을 느끼도록 하는 행위

★ 사이버폭력
- 속칭 사이버모욕, 사이버명예훼손, 사이버성희롱, 사이버스토킹, 사이버음란물 유통, 대화명 테러, 인증놀이, 게임부주 강요

등 정보통신기기를 이용하여 괴롭히는 행위
- 특정인에 대해 모욕적 언사나 욕설 등을 인터넷 게시판, 채팅, 카페 등에 올리는 행위. 특정인에 대한 저격글이 그 한 형태임
- 특정인에 대한 허위 글이나 개인의 사생활에 관한 사실을 인터넷, SNS 등을 통해 불특정 다수에 공개하는 행위
- 성적 수치심을 주거나, 위협하는 내용, 조롱하는 글, 그림, 동영상 등을 정보통신망을 통해 유포하는 행위
- 공포심이나 불안감을 유발하는 문자, 음향, 영상 등을 휴대폰 등 정보통신망을 통해 반복적으로 보내는 행위

학교폭력의 징후

■ 피해학생의 징후

학교폭력 피해학생의 징후는 다음과 같다.

- 늦잠을 자고, 몸이 아프다하며 학교가기를 꺼린다.
- 성적이 갑자기 혹은 서서히 떨어진다.
- 안색이 안 좋고 평소보다 기운이 없다.
- 학교생활 및 친구관계에 대한 대화를 시도할 때 예민한 반응을 보인다.
- 아프다는 핑계 또는 특별한 사유 없이 조퇴를 하는 횟수가 많아진다.
- 갑자기 짜증이 많아지고 가족이나 주변 사람들에게 폭력적인 행동을 한다.
- 멍하게 있고, 무엇인가에 집중하지 못한다.
- 밖에 나가는 것을 힘들어하고, 집에만 있으려고 한다.
- 쉽게 잠에 들지 못하거나 화장실에 자주 간다.
- 학교나 학원을 옮기는 것에 대해서 이야기를 꺼낸다.
- 용돈을 평소보다 많이 달라고 하거나 스마트폰 요금이 많이 부과 된다. 또한 스마트폰을 보는 자녀의 표정이 불편해 보인다.
- 갑자기 급식을 먹지 않으려고 한다.
- 수련회, 봉사활동 등 단체 활동에 참여하지 않으려고 한다.
- 작은 자극에 쉽게 놀란다.

■ 사이버폭력 피해 징후

- 불안한 기색으로 정보통신기기를 자주 확인하고 민감하게 반응한다.
- 단체 채팅방에서 집단에게 혼자만 반복적으로 심리적 공격을 당한다.
- 용돈을 많이 요구하거나 온라인 기기의 사용요금이 지나치게 많이 나온다.
- 부모가 자신의 정보통신기기를 만지거나 보는 것을 극도로 싫어하고 민감하게 반응한다.
- 온라인에 접속한 후, 문자메시지나 메신저를 본 후에 당황하거나 정서적으로 괴로워 보인다.
- 사이버상에서 이름보다는 비하성 별명이나 욕으로 호칭되거나 야유나 험담이 많이 올라온다.
- SNS의 상태글귀나 사진 분위기가 갑자기 우울하거나 부정적으로 바뀐다.
- 컴퓨터 혹은 정보통신기기를 사용하는 시간이 지나치게 많다
- 잘 모르는 사람들이 자녀의 이야기나 소문을 알고 있다.
- 자녀가 SNS계정을 탈퇴하거나 아이디가 없다.

■ 가해학생의 징후

학교폭력 가해학생의 징후는 다음과 같다.

- 부모와 대화가 적고, 반항하거나 화를 잘 낸다.
- 친구관계를 중요시하며 귀가시간이 늦거나 불규칙하다
- 다른 학생을 종종 때리거나, 동물을 괴롭히는 모습을 보인다.
- 자신의 문제 행동에 대해서 이유와 핑계가 많고, 과도하게 자

존심이 강하다.
- 성미가 급하고, 충동적이며 공격적이다.
- 자신의 문제 행동에 대해서 이유와 핑계가 많다.
- 옷차림이나 과도한 화장, 문신 등 외모를 과장되게 꾸며 또래 관계에서 위협감을 조성한다.
- 폭력과 장난을 구별하지 못하여 갈등상황에 자주 노출된다.
- 평소 욕설 및 친구를 비하하는 표현을 자주한다.
- SNS상에 타인을 비하, 저격하는 발언을 거침없이 게시한다.

학교폭력 신고방법

■ 교내 신고방법

★ 구두

피해학생, 목격학생, 보호자 등이 직접 교사에게 말하는 경우, 교사가 개별적인 학생 상담을 통해 파악한 경우

★ 신고함

일정한 장소에 학교폭력 신고함을 설치하고 이를 안내한다. 신고학생이 신고서를 넣는 행위가 목격되는 것을 두려워 할 수 있으므로, 이를 고려하여 신고함의 위치를 정한다.

★ 설문조사

모든 학생에게 신고 기회를 부여하여 심도 있는 정보를 얻기 위해 설문지 조사를 실시할 수 있다.

★ 이메일

담임교사, 책임교사, 학교명의의 이메일 등

★ 학교 홈페이지

학교 홈페이지의 비밀 게시판 등

★ 휴대전화

전담기구 소속교사(교감, 책임교사, 보건교사, 상담교사)의 휴대전화, 담임교사의 휴대전화, 학교 공동 휴대전화(학교 명의의 휴대전화)의 문자, 음성녹음, 통화 등

★ 포스터 부착

교실 벽에 학교폭력 신고 방법 등을 안내하는 포스터를 부착

■ **교외 신고방법**

★ 117 학교폭력 신고센터

   24시간 운영, 피해신고 접수 즉시 긴급구조, 수사, 법률상담, 쉼터 연계 등 종합지원 가능

★ 전화

   전국에서 국번 없이 117

★ 문자

   #0117

★ 인터넷

   안전 Dream(또는 검색어 117)으로 신고

★ 방문

   117센터에 방문하여 신고·상담

★ 학교전담경찰관

   해당 학교의 담당 학교전담경찰관에게 문자 또는 전화로 신고

■ **학교폭력의 고발**

★ 누구라도 학교폭력의 예비·음모 등을 알게 된 사람은 이를 학교의 장 또는 심의위원회에 고발할 수 있다.

★ 다만, 교원이 이를 알게 되었을 경우에는 학교의 장에게 보고하고 해당 학부모에게 알려야 한다.

■ **신고 접수 및 학교장·교육청 보고**

★ 신고 접수된 사안을 학교폭력신고 접수대장에 반드시 기록하고, 학교장에게 보고하며, 담임교사에게 통보한 후 교육(지원)청에 48시간 이내에 보고해야 한다.

★ 신고 접수된 사안을 관련 학생 및 그 보호자에게 통보해야 한다.

관련 학생 조치

■ 피해학생 조치

학교폭력 발생 시 피해학생에 대한 조치는 다음과 같다.

★ 피해를 당한 학생의 마음을 안정시키고(심호흡, 안정을 유도하는 말 등) 신변안전이 급선무이다.

★ 가벼운 상처는 학교 보건실에서 1차적으로 치료하고, 상처 정도가 심해 학교 보건실에서 치료할 수 없을 때는 2차적으로 병원으로 신속히 이송한다.

★ 탈골, 기도 막힘이나 그 밖의 위급상황이라고 판단된 경우 자리에서 움직이지 않고 119에 도움을 청한다.

■ 가해학생 조치

학교폭력 발생 시 가해학생에 대한 조치는 다음과 같다.

★ 피해학생의 상태가 위중하거나 외상이 심한 경우, 가해학생 역시 충격을 받아 예측하지 못하는 돌발행동을 할 수 있다. 그러므로 심리적으로 안정될 수 있도록 교사가 계속 주의를 기울이고 빨리 보호자에게 연락을 취한다.

★ 이후 가해학생에게 지나친 질책 및 감정적 대처를 하지 않도록 유의한다.

■ 목격학생·주변학생 조치

학교폭력 발생 시 목격하거나 주변에 있었던 학생에 대한 조치는 다음과 같다.

★ 학교폭력을 목격하거나 폭력 현장에 있음으로 인해 심리적·정서적 충격을 받은 간접 피해자도 유사한 문제 반응이 나타날 수 있다.

★ 주변학생들의 현장 접근을 통제하고, 특히 초등학교 저학년의 경우 동화책 읽어주기, 종이접기 등 흥미 있는 활동으로 주의를 돌려 심리적 충격을 완화시킨다.

★ 사안에 관련된 학생 및 목격한 학생들에게 상황을 인식시키고, 차후 유사한 폭력상황이 벌어지지 않도록 예방교육을 한다.

★ 사안에 관련된 학생들에 대해 낙인을 찍어 따돌리거나, 사안과 관련하여 사실과 다른 소문을 퍼뜨리지 않도록 주의시킨다.

▼이사(移徙)에 대한 생활법률▼

이사비용은 운송거리, 이사물량, 작업조건, 부대서비스의 형태에 따라 결정됩니다. 또한 이사 성수기, 손없는 날, 공휴일, 평일 등 이사날짜에 따라 높게 책정되거나 낮게 책정되기도 한다.
이사비용은 위와 같은 기본적인 조건 외에도 특수 이송품(고가의 골동품, 대형금고 등), 부피, 층수, 작업여건, 이송거리(차량진입이 불가능한 골목)등에 따라 달리 책정되므로 정확한 비용을 알기 위해서는 이사업체의 방문견적을 받아 산출하는 것이 가장 좋다.

부동산 매매계약서 작성하기

■ 매매계약서 작성

★ 매매계약은 원래 매도인과 매수인의 합의만으로도 체결될 수 있다. 그러나 부동산은 금액이 큰 중요한 재산에 해당하므로 여러 권리 관계를 잘 파악한 후 매매계약서를 꼼꼼히 작성해 불필요한 법적 분쟁을 미리 막는 것이 좋다.

★ 계약서에 매매대금 총액과 계약금, 중도금, 잔금 지급일자 등을 명확히 기재해야 한다.

★ 계약당사자 간에 특별한 약정이 없는 한 매도인은 매매대금을 전부 받는 것과 동시에 소유권이전등기에 필요한 서류 전부를 주어야 한다.

★ 계약당사자 간에 무언가 특별히 정하고 싶거나, 문제의 소지가 있을 것으로 여겨지는 것들은 모두 특약사항으로 자세히 기재해 분쟁을 막아야 한다.

■ 매매계약서 양식

부동산매매계약서

매도인 (이하 "갑"이라 한다)과 매수인 (이하 "을"이라 한다)은 아래 표시의 부동산에 관하여 다음과 같이 합의하여 계약을 체결한다.

<부동산의 표시>

소 재 지				
토 지	지 목		면 적	㎡(평)
건 물	구조 및 용도		면 적	㎡(평)

제1조(목적) 갑은 그 소유의 위 부동산을 을에게 매도하고 을은 이를 매수한다.

제2조(매매대금) ① 매매대금은 금원으로 하고 다음과 같이 지급하기로 한다.

② 제1항의 계약금은 잔금수령시에 매매대금의 일부로 충당한다.

계 약 금	금 원은 계약체결시에 지급하고		
중 도 금	금 원은 년 월 일에 지급하며		
잔 금	금 원은 년 월 일에 지급하기로 함.		

제3조(소유권이전 및 매매물건의 인도) 갑은 을의 잔금지급과 동시에 소유권이전등기에 필요한 서류를 을에게 교부하고 이전등기절차에 협력하여야 하며 갑의 비용과 책임으로 매매부동산을 을에게 인도하여야 한다.

제4조(저당권등의 말소) 갑은 위 제3조의 인도전에 매매부동산상의 저당권, 질권, 전세권, 지상권, 임차권 기타 소유권의 행사를 제한하는 일체의 권리를 말소 시켜야 한다.

제5조(부속물의 이전) 위 제3조의 인도시 매매부동산에 부속된 물건은 매매목적물에 포함된 것으로 한다.

제6조(매도인의 담보책임) 매매부동산은 계약시의 상태를 대상으로 하며 공부상의 표시와 실제가 부합하지 아니하여도 쌍방이 이의를 제기하지 않기로 한다.

제7조(위험부담) ① 매매부동산의 인도 이전에 불가항력으로 인하여 매매부동산이 멸실 또는 훼손되었을 경우에는 그 손해는 갑의 부담으로 한다.

② 제1항의 경우에 을이 계약을 체결한 목적을 달성할 수 없

을 때에는 을은 계약을 해제할 수 있으며 이때 갑은 이미 수령한 대금을 을에게 반환하여야 한다.

제8조(계약의 해제) ① 위 제2조의 중도금 지급(중도금약정이 없을 때에는 잔금)전까지 을은 계약금을 포기하고, 갑은 계약금의 배액을 상환하고 계약을 해제할 수 있다.

② 당사자 어느 일방이 본 계약을 위반하여 이행을 태만히 한 경우 상대방은 1주간의 유예기간을 정하여 이행을 최고하고, 일방이 이 최고의 기간내에 이행을 하지 않을 경우에 상대방은 계약을 해제할 수 있다.

제9조(위약금) 위 제8조 제2항에 의하여 갑이 본 계약을 어겼을 때에는 계약금으로 받은 금액의 2배를 을에게 주기로 하고, 을이 본 계약을 어겼을 때에는 계약금은 갑에게 귀속되고 돌려달라는 청구를 할 수 없다.

제10조(비용) 매도증서작성비용 및 이에 부대하는 비용은 갑이 부담하고 소유권이전등기에 필요한 등록세 등의 비용은 을이 부담한다.

제11조(공과금 등) 매매물건에 부과되는 조세공과·제비용 및 매매물건에서 발생하는 수익은 모두 인도일을 기준으로 하여 그 전일까지 생긴 부분은 갑에게 귀속하고 그 이후부터는 을에게 귀속한다.

제12조(관할 법원) 이 계약에 관한 분쟁이 발생할 시에는 소송의 관할법원은 매매부동산의 소재지를 관할하는 법원으로 한다.

이 계약을 증명하기 위하여 계약서 2통을 작성하여 갑과 을이 서명·날인한 후 각각 1통씩 보관한다.

년   월   일

매도인	주소					
	성명	인	주민등록번호		전화번호	
매수인	주소					
	성명	인	주민등록번호		전화번호	
입회인	주소					
	성명	인	주민등록번호		전화번호	

임대차계약서 작성하기

■ 임대차계약서 작성

★ 임대차계약은 원칙적으로 계약 당사자가 자유롭게 계약기간이나 계약금을 정하는 것으로 반드시 임대차계약서를 작성해야 하는 것도 아니다. 하지만 나중에 발생할 수 있는 분쟁을 미리 예방하기 위해서는 임대차계약서를 작성하는 것이 좋다.

★ 계약서에 보일러 등의 교체시기, 이사일정 등 시비가 될 만한 내용은 특약사항에 반드시 기재해 최대한 분쟁을 피하는 것이 좋다

■ 임대차계약서 양식

부동산임대차계약서

□ 전세   □ 월세

임대인과 임차인 쌍방은 아래 표시 부동산에 관하여 다음 계약내용과 같이 임대차계약을 체결한다.

1. 부동산의 표시

소 재 지				
토 지	지 목		면 적	㎡
건 물	구조용도		면 적	㎡
임대할부분			면 적	㎡

2. 계약내용

제 1 조 (목적) 위 부동산의 임대차에 관하여 임대인과 임차인은 합의에 의하여 임차보증금 및 차임을 아래와 같이 지불하기로 한다.

보 증 금	금	원정 (₩)
계 약 금	금	원정은 계약시에 지불하고 영수함. 영수자(인)
중 도 금	금	원정은 년 월 일에 지불하며
잔 금	금	원정은 년 월 일에 지불한다.
차 임	금	원정은 년 월 일에 지불한다.

제 2 조 (존속기간) 임대인은 위 부동산을 임대차 목적대로 사용·수익할 수 있는 상태로   년   월   일까지 임차인에게 인도하며, 임대차 기간은 인도일로부터   년   월   일까지로 한다.

제 3 조 (용도변경 및 전대 등) 임차인은 임대인의 동의없이 위 부동산의 용도나 구조를 변경하거나 전대임차권 양도 또는 담보제공을 하지 못하며 임대차 목적 이외의 용도로 사용할 수 없다.

제 4 조 (계약의 해지) 임차인이 계속하여 2회 이상 차임의 지급을 연체하거나 제3조를 위반하였을 때 임대인은 즉시 본 계약을 해지 할 수 있다.

제 5 조 (계약의 종료) 임대차계약이 종료된 경우에 임차인은 위 부동산을 원상으로 회복하여 임대인에게 반환한다. 이러한 경우 임대인은 보증금을 임차인에게 반환하고, 연체 임대료 또는 손해배상금이 있을 때는 이들을 제하고 그 잔액을 반환한다.

제 6 조 (계약의 해제) 임차인이 임대인에게 중도금(중도금이 없을때는 잔금)을 지불하기 전까지, 임대인은 계약금의 배액을 상환하고, 임차인은 계약금을 포기하고 이 계약을 해제할 수 있다.

제 7 조 (채무불이행과 손해배상) 임대인 또는 임차인이 본 계약상의 내용에 대하여 불이행이 있을경우 그 상대방은 불이행한 자에 대하여 서면으로 최고하고 계약을 해제 할 수 있다. 그리고 계약 당사자는 계약해제에 따른 손해배상을 각각 상대방에 대하여 청구할 수 있으며, 손해배상에 대하여 별도의 약정이 없는 한 계약금을 손해배상의 기준으로 본다.

제 8 조 (중개수수료) 부동산중개업자는 임대인과 임차인이 본 계약을 불이행함으로 인한 책임을 지지 않는다. 또한, 중개수수료는 본 계약체결과 동시에 계약 당사자 쌍방이 각각 지불하며, 중개업자의 고의나 과실없이 본 계약이 무효·취소 또는 해약되어도 중개수수료는 지급한다. 공동중개인 경우에 임대인과 임차인은 자신이 중개 의뢰한 중개업자에게 각각 중개수수료를 지급한다.(중개수수료는 거래가액의   ﹪로 한다.)

제 9 조 (중개대상물확인설명서 교부등) 중개업자는 중개대상물 확인설명서를 작성하고 업무보증관계증서(공제증서등) 사본을 첨부하여   년   월   일 거래당사자 쌍방에게 교부한다.

특약사항

_____
_____
_____
_____
_____

본 계약을 증명하기 위하여 계약 당사자가 이의 없음을 확인하고 각각 서명·날인 후 임대인, 임차인 및 중개업자는 매장마다 간인하여야 하며, 각 1통씩 보관한다.

    년   월   일

임대인	주 소				
	주민등록번호		전 화	성 명	㊞
	대 리 인	주 소	주민등록번호	성 명	
임차인	주 소				
	주민등록번호		전 화	성 명	㊞
	대 리 인	주 소	주민등록번호	성 명	
중개업자	사무소소재지		사무소소재지		
	사무소명칭		사무소명칭		
	대 표	서명·날인 ㊞	서명·날인		㊞
	등 록 번 호	전화	등록번호	전화	
	소속공인중개사	서명·날인 ㊞	서명·날인		㊞

계약서 작성 요령

■ 계약서 작성 요령

① 계약서의 내용 중 일부 문구를 정정하는 경우에는 빨간색으로 두 줄을 긋고 난외에 정정한다는 기재를 하고 정정날인(쌍방)을 해야 한다.

② 계약서의 장수가 2매 이상인 경우 각 장의 접속부분에 당사자 쌍방 간인을 찍도록 한다.

③ 부동산의 표시란에는 상세히 기재해야 하는데, 너무 간략하게 표시하는 경우 등기신청이 불가능한 경우도 있다. 따라서 등기권리증에 표시된 내용을 그대로 다 적어두되 공간이 협소하여 다 적을 수 없는 경우에는 [뒷면참조], [별지참조]등으로 기재한 후 뒷면이나 별지 목록에 기재하도록 한다.

④ 금액을 아라비아숫자를 적지 말고 한문(壹, 貳, 參)등으로 적되 여백을 두지 말고 '金 字'옆에 붙여서 적도록 한다.

⑤ 매매대금이나 임차보증금액을 일시불로 하거나 중도금이 없는 경우는 '해당 없다'는 표시를 꼭 해야 한다.

⑥ 잔금수령과 소유권이전등기신청서 교부 또는 주택의 이전은 당사자의 특약이 없는 한 동시에 이행해야 한다.

⑦ 마지막 계약조항으로 서로가 성의를 다해 처음부터 끝까지 약속을 지킬 것을 서약한다는 내용의 신의칙 조항을 기재하도록 한다.

⑧ 계약조항을 다 기재한 후 마무리로서 계약에 대해 계약당사자가 이의 없음을 확인하여 서명 날인하고 계약서를 매도자·매수

인 또는 임대인·임차인, 중개업자가 각각 1통씩 갖도록 한다.

⑨ 당사자의 표시는 주민등록증에 표시된 정확한 내용을 기재해야
한다.

⑩ 성명란은 본인이 직접 작성하고 도장은 인감도장을 찍거나 사
인을 하면 된다.

계약금 지불하기

■ 계약금의 법적 성격

★ "계약금"이란 부동산 매매계약이나 임대차계약을 체결할 경우 계약을 성립시키기 위해 본 계약에 앞서 매수인 또는 임차인이 상대방에게 지불하는 금액을 말하며, 보통 매매대금 또는 임대차보증금의 10% 정도를 지불한다.

★ 계약금은 매매계약이나 임대차계약이 체결되었다는 증거금의 성격을 가진다.

■ 계약에 문제가 발생한 경우의 배상금

부동산 매매계약이나 임대차계약을 체결했는데 문제가 발생해 계약을 해지하고 싶을 때는 어떻게 해야 할까?

★ 매수인이나 임차인의 입장
계약금을 지불했으나 문제가 발생해 계약을 해지하고 싶을 경우 ① 별도의 다른 약정이 없을 때에 한해, ② 계약이행에 착수할 때까지 계약금을 포기하고 매매계약 또는 임대차계약을 해제할 수 있다.

★ 매도인이나 임대인의 입장
계약금을 지불했으나 문제가 발생해 계약을 해지하고 싶을 경우 ① 별도의 다른 약정이 없을 때에 한해, ② 계약이행에 착수할 때까지 계약금의 배액을 상환하고 매매계약 또는 임대차계약을 해제할 수 있다.

이사 체크리스트

■ 이사 2주 전에 해야 할 일

★ 이사 일정이 정해지면 허가받은 이사대행업체를 선정하여 예약한다.

★ 이사방법을 결정해 이사대행업체와 계약한다. 포장이사를 이용할 때에는 표준계약서를 받아둔다.

★ 베란다, 옥상, 창고정리를 합니다.

★ 불필요한 물품을 정리합니다.

■ 이사 1주 전에 해야 할 일

★ 고층아파트로 이사하는 경우 관리사무소에 곤도라 또는 엘리베이터 이용을 예약한다.

★ 각종 통장과 신용카드 주소변경 한다.

★ 우체국에 주소이전 신고를 한다.

★ 수도요금, 전기요금 등 공과금 및 아파트관리비를 납부한다.

★ 신문, 우유 등의 배달중지를 요청합니다.

■ 이사 2~4일 전에 해야 할 일

★ 이사 갈 집의 전압 콘센트 위치, 방 크기, 창문위치 조사한다.

★ 가구배치도를 작성한다.

★ 앵글, 선반 커튼, 휘장, 칸막이 등 구조물을 철거한다.

★ 어항, 수족관을 정리한다.

■ 이사 하루 전에 해야 할 일

★ 짐정리를 마무리한다.

★ 세탁기 물빼기를 하고, 냉장고 정리 및 에어컨, 냉장고 배관을 정리한다.
★ 귀중품, 유가증권, 현금을 따로 보관한다.
★ 가스시설을 철거한다.

■ 이사 당일에 해야 할 일
★ 이사짐 확인, 집 안팎의 청소 점검 및 신변용품을 재점검 한다.
★ 이사요금을 정산한다.
★ 전기, 가스, 수도를 점검한다.

■ 이사 후에 해야 할 일
★ 이삿짐 정리를 한다.
★ 전화, 인터넷 등을 개통하고, 에어컨 및 가전제품 등을 설치를 한다.
★ 새 거주지의 주민센터에 가서 전입신고를 하고 전월세 주택임대차 계약서에 확정일자를 받는다.
★ 아이를 전학시킨다.
★ 초등학생의 경우 새 거주지의 주민센터에 전입신고를 하려가실 때 "취학아동 전입통지서"를 받아놓는다. 이 서류를 학교에 제출하면 바로 전학이 된다.
★ 중학생의 경우 전학용 재학증명서를 떼어 해당 교육청에 제출해서 학교를 배정받아 전학시키면 된다.
★ 고등학생의 경우 이사한 주소의 주민등록등본을 떼어 해당 교육청에 제출해서 학교를 배정받아 전학시키면 된다.

전입신고하기

■ **전입신고하기**

★ 다음의 신고의무자는 새로운 거주지로 이사한 날부터 14일 이내에 새로운 거주지의 읍사무소, 면사무소, 동 주민센터에 방문하거나 <정부24 홈페이지(http://www.gov.kr)>에 접속하여 전입신고를 해야 한다.

- 세대주
- 세대를 관리하는 사람
- 본인
- 세대주의 위임을 받은 세대주의 배우자
- 세대주의 위임을 받은 세대주의 직계혈족
- 세대주의 위임을 받은 세대주의 배우자의 직계혈족
- 세대주의 위임을 받은 세대주의 직계혈족의 배우자
- 기숙사나 여러 사람이 동거하는 숙소의 관리자
- 기숙사나 여러 사람이 동거하는 숙소의 거주민

★ 전입신고가 있으면 병역법에 따른 병역의무자의 거주지 이동 신고, 인감증명법에 따른 인감의 변경신고, 국민기초생활 보장법에 따른 급여수급자의 거주지 변경신고, 국민건강보험법에 따른 국민건강보험 가입자의 거주지 변경신고 및 장애인복지법에 따른 거주지 이동의 전출신고와 전입신고를 한 것으로 본다.

★ 전입신고를 하는 경우 전입지의 세대주 또는 세대를 관리하는 사람과 전(前) 거주지의 세대주 또는 세대를 관리하는 사람이 다른

경우에는 전 거주지의 세대주, 세대를 관리하는 사람 또는 전입자의 확인을 받아야 한다.

★ 전 거주지의 세대주, 세대를 관리하는 사람 또는 전입자의 확인을 받기 어려운 경우에는 읍·면·동장 또는 출장소장의 사실조사로 대신할 수 있다.

★ 정당한 사유 없이 전입신고를 14일 이내에 하지 않은 경우 5만원 이하의 과태료가 부과된다.

확정일자받기

■ 확정일자의 효력

전세나 월세 세입자의 경우에는 가급적 이사당일에 전입신고를 하고 이와 더불어 임대차계약서상에 확정일자를 받아두는 것이 좋다. 이렇게 하면 소중한 보증금을 떼일 염려가 없도록 임차권에 대항력과 우선변제권이라는 힘이 생기기 때문이다.

■ 확정일자 받는 방법

★ 임차인은 주택임대차계약서 원본 또는 사본을 소지하고 임차주택 소재지의 읍사무소, 면사무소, 동 주민센터 또는 시·군·구의 출장소에서 방문하면 확정일자를 부여받을 수 있다.

★ 확정일자를 부여받으려는 사람은 확정일자부여기관에 출석하여 계약증서 원본과 주민등록증, 운전면허증, 여권 또는 외국인등록증 등 본인을 확인할 수 있는 신분증을 제시해야 한다.

★ 또한, 정보처리시스템을 이용하여 주택임대차계약을 체결한 경우 해당 주택의 임차인은 정보처리시스템을 통해 전자계약증서에 확정일자 부여를 신청할 수 있다. 이 경우 확정일자 부여 신청은 확정일자부여기관 중 주택 소재지의 읍·면사무소, 동 주민센터 또는 시(특별시·광역시·특별자치시는 제외하고, 특별자치도는 포함)·군·구(자치구를 말함)의 출장소에 해야 한다.

★ 확정일자를 취득하려는 경우 주택임대차계약서에 다음의 요건을 갖추어야 한다.

   - 임대인·임차인의 인적 사항, 임대차목적물, 임대차기간, 차임·

보증금 등이 적혀 있는 완성된 문서일 것
- 계약당사자(대리인에 의하여 계약이 체결된 경우에는 그 대리인을 말함)의 서명 또는 기명날인이 있을 것
- 글자가 연결되어야 할 부분에 빈 공간이 있는 경우에는 계약당사자가 빈 공간에 직선 또는 사선을 그어 그 부분에 다른 글자가 없음이 표시되어 있을 것
- 정정한 부분이 있는 경우에는 그 난의 밖이나 끝부분 여백에 정정 한 글자 수가 기재되어 있고, 그 부분에 계약당사자의 서명이나 날인이 되어 있을 것
- 계약증서(전자계약증서 제외)가 두 장 이상인 경우에는 간인(間印)이 있을 것
- 확정일자가 부여되어 있지 않을 것(다만, 이미 확정일자를 부여받은 계약증서에 새로운 내용을 추가 기재해 재계약을 한 경우에는 그렇지 않다.)
★ 확정일자부여기관에 내야 하는 수수료는 확정일자 부여에 관한 수수료와 정보제공에 관한 수수료로 구분되며, 수수료 금액은 다음과 같다.
- 확정일자 부여 수수료 : 1건마다 600원(계약증서가 4장을 초과할 경우 초과 4장마다 100원 추가)
- 정보제공 수수료 : 1건마다 600원(출력물이 10장을 초과할 경우 초과 1장마다 50원 추가)

아이 전학시키기

■ 초등학생인 경우

★ 이사로 인해 초등학교의 학생이 전학하는 경우 그 학생의 보호자는 재학 중인 학교의 장과 해당 학생이 전입한 지역을 관할하는 읍·면·동의 장으로부터 전학할 학교로 지정받은 학교의 장에게 각각 그 사실을 알려야 한다.

★ 이 경우 학생의 보호자로부터 학생의 전학 사실을 통보받은 전학할 학교의 장은 해당 학생의 주소지 변경을 확인하기 위하여 전자정부법 제36조제1항에 따른 행정정보의 공동이용을 통하여 주민등록전산정보자료를 확인하여야 하며, 해당 학생의 보호자가 그 확인에 동의하지 않는 경우에는 주소지 변경이 확인되는 서류를 제출하게 해야 한다.

★ 초등학생의 경우 새 거주지의 주민센터에 전입신고를 하러가실 때 '취학아동 전입통지서'를 받아두었다가 이 서류를 전학하려는 학교에 제출하면 바로 전학이 된다.

■ 중학생인 경우

★ 이사로 인해 중학생이 전학하는 경우 거주지를 학구로 하는 초등학교가 속하는 학교군 또는 중학구안의 중학교로 전학할 수 있다.

★ 중학생의 경우 전학용 재학증명서를 떼어 해당 교육청에 제출하면 전입신고 시 거주지 관할 교육지원청에서 중학교를 배정해 준다.

★ 각 시·도 관할 교육지원청 현황은 각 시·도 교육청 홈페이지에서

확인하실 수 있습니다.

★ 학교군에 있어서 거주지를 학구로 하는 초등학교가 속하는 학교군안의 중학교에 결원이 없는 경우에는 해당 교육장 관할에 속하는 다른 학교군안의 중학교로 전학할 수 있다.

■ 고등학생인 경우

★ 이사로 인해 일반 고등학교 재학생이 전학하는 경우 거주지가 학군 또는 시·도가 다른 지역에서 이전된 경우에만 전학이 가능하며, 교육감이 전학할 학교를 배정한다.

★ 이사한 새 거주지의 학군에 소재하는 학교에 결원이 없고 인근 학군에 소재하는 학교에는 결원이 있는 경우에는 본인이 원하면 인근 학군에 소재하는 학교로의 전학할 수 있다.

★ 고등학생의 경우 이사한 주소의 주민등록등본을 떼어 해당 교육청에 제출하여 학교를 배정받아 전학시키면 된다.

★ 일반 고등학교 재학생의 전학절차와 방법에 관한 보다 자세한 사항 및 특성화고, 특목고, 자사고 등 일반고 이외의 고등학교 재학생의 전학절차와 방법에 관한 사항은 각 시·도 교육청에 문의하거나 해당 교육청 홈페이지에 접속하여 확인하실 수 있다.

▼산재보험에 대한 생활법률▼

"산업재해보상보험"이란 근로자의 업무상 재해를 신속하고 공정하게 보상하며, 재해근로자의 재활 및 사회 복귀를 촉진하기 위한 보험시설을 설치·운영하고, 재해 예방과 그 밖에 근로자의 복지 증진을 위한 사업을 시행하기 위한 사회보험을 말한다.

산업재해보상 보험급여 종류

■ 요양급여

★ 요양급여는 근로자가 업무상의 사유로 부상을 당하거나 질병에 걸린 경우에 그 근로자에게 지급한다.

★ 요양급여는 산업재해보상보험법 제43조제1항에 따른 산재보험 의료기관에서 요양을 하게 한다. 다만, 부득이한 경우에는 요양을 갈음하여 요양비를 지급할 수 있다.

★ 업무상 부상 또는 질병이 3일 이내의 요양으로 치유될 수 있으면 요양급여를 지급하지 않는다.

■ 휴업급여

휴업급여는 업무상 사유로 부상을 당하거나 질병에 걸린 근로자에게 요양으로 취업하지 못한 기간에 대하여 지급하되, 1일당 지급액은 평균임금의 100분의 70에 상당하는 금액으로 한다. 다만, 취업하지 못한 기간이 3일 이내이면 지급하지 않는다.

■ 장해급여

★ 장해급여는 근로자가 업무상의 사유로 부상을 당하거나 질병에 걸려 치유된 후 신체 등에 장해가 있는 경우에 그 근로자에게 지급한다.

★ 장해급여는 수급권자의 선택에 따라 장해보상연금 또는 장해보상일시금으로 지급한다. 다만, 장해등급 제1급부터 제3급까지의 근로자에게는 장해보상연금을 지급하고, 장해급여 청구사유 발생 당시 대한민국 국민이 아닌 사람으로서 외국에서 거주하고 있는

근로자에게는 장해보상일시금을 지급한다.

■ 간병급여
간병급여는 요양급여를 받은 사람 중 치유 후 의학적으로 상시 또는 수시로 간병이 필요하여 실제로 간병을 받는 사람에게 지급한다.

■ 유족급여
★ 유족급여는 근로자가 업무상의 사유로 사망한 경우에 유족에게 지급한다.

★ 유족급여는 유족보상연금이나 유족보상일시금으로 하되, 유족보상일시금은 근로자가 사망할 당시 유족보상연금을 받을 수 있는 자격이 있는 사람이 없는 경우에 지급한다.

■ 상병(傷病)보상연금
요양급여를 받는 근로자가 요양을 시작한 지 2년이 지난 날 이후에 다음 각 호의 요건 모두에 해당하는 상태가 계속되면 휴업급여 대신 상병보상연금을 그 근로자에게 지급한다.
- 그 부상이나 질병이 치유되지 않은 상태일 것
- 그 부상이나 질병에 따른 중증요양상태등급이 1급에서 3급까지일 것
- 요양으로 인하여 취업하지 못하였을 것

■ 장례비
장례비는 근로자가 업무상의 사유로 사망한 경우에 지급하되, 평균임금의 120일분에 상당하는 금액을 그 장례를 지낸 유족에게 지급한다. 다만, 장례를 지낼 유족이 없거나 그 밖에 부득이한 사유로 유족이 아닌 사람이 장례를 지낸 경우에는 평균임금의 120일분에

상당하는 금액의 범위에서 실제 드는 비용을 그 장례를 지낸 사람에게 지급한다.

■ 직업재활급여

직업재활급여의 종류는 다음과 같다.

- 장해급여 또는 진폐보상연금을 받은 사람이나 장해급여를 받을 것이 명백한 사람으로서 산업재해보상보험법 시행령 제68조제1항에서 정하는 사람 중 취업을 위하여 직업훈련이 필요한 사람에 대하여 실시하는 직업훈련에 드는 비용 및 직업훈련수당
- 업무상 재해가 발생할 당시의 사업에 복귀한 장해급여자에 대하여 사업주가 고용을 유지하거나 직장적응훈련 또는 재활운동을 실시하는 경우(직장적응훈련의 경우에는 직장 복귀 전에 실시한 경우도 포함)에 각각 지급하는 직장복귀지원금, 직장적응훈련비 및 재활운동비

보험급여의 지급 청구

■ 보험급여의 지급 청구

★ 보험급여는 수급권자의 청구에 따라 지급한다.

★ "수급권자"란 요양급여, 휴업급여, 장해급여, 간병급여, 유족급여, 상병보상연금, 장례비, 직업재활급여, 진폐보상연금 및 진폐유족연금을 받을 수 있는 자를 말한다.

■ 요양급여의 신청 등

★ 요양급여의 신청

요양급여(진폐에 따른 요양급여는 제외)를 받으려는 사람은 소속 사업장, 재해발생 경위, 그 재해에 대한 의학적 소견, 그 밖에 고용노동부령으로 정하는 사항을 적은 서류를 첨부하여 근로복지공단에 요양급여의 신청을 해야 한다.

근로자를 진료한 산재보험 의료기관은 그 근로자의 재해가 업무상 재해로 판단되면 그 근로자의 동의를 받아 요양급여의 신청을 대행할 수 있다.

★ 진폐근로자의 요양급여의 신청

분진작업에 종사하고 있거나 종사하였던 근로자가 업무상 질병인 진폐로 요양급여를 받으려면 다음의 서류를 첨부하여 근로복지공단에 청구해야 한다.

　- 사업주가 증명하는 분진작업 종사경력 확인서(최초로 요양급여 신청을 하는 경우만 해당)

　- 사업의 휴업이나 폐업 등으로 사업주의 증명을 받을 수 없는 경

우에는 근로복지공단이 정하는 서류(최초로 요양급여 신청을
하는 경우만 해당)
- 진폐에 관한 의학적 소견서 또는 진단서
★ 요양비의 청구
요양비를 받으려는 사람은 근로복지공단에 청구해야 한다.

■ **요양급여 외의 보험급여의 청구**
다음의 어느 하나에 해당하는 보험급여를 받으려는 사람은 근로복지
공단에 각각의 보험급여에 대해 신청하거나 청구해야 한다.
- 휴업급여
- 장해보상일시금 또는 장해보상연금[장해보상차액일시금(산업재
  해보상보험법 제57조제5항) 포함함]
- 간병급여
- 유족보상일시금 또는 유족보상연금[유족보상차액일시금(산업재
  해보상보험법 제62조제4항) 포함함]
- 상병보상연금
- 장례비
- 직업재활급여
- 진폐보상연금
- 진폐유족연금

■ **사업주의 조력**
★ 보험급여를 받을 사람이 사고로 보험급여의 청구 등의 절차를 행
  하기 곤란하면 사업주는 이를 도와야 한다.
★ 사업주는 보험급여를 받을 사람이 보험급여를 받는 데에 필요한

증명을 요구하면 그 증명을 해야 한다.

※ 업무상 재해를 당한 근로자가 요양급여를 받으려면 요양급여 신청서에 요양급여신청소견서를 첨부하여 첨부하여 근로복지공단에 요양급여의 신청[신청 대상이 되는 상병이 뇌혈관 심장질병이면 업무상질병 전문소견서(뇌심혈관계질병), 허리부위 및 어깨부위 근골격계질병이면 업무상질병 전문소견서(근골격계질병)를 첨부]을 해야 하는데, 이 경우 사업주는 요양급여신청서에 서명이나 날인을 하는 방법으로 재해발생 경위를 확인해줘야 한다. 다만, 요양급여신청소견서를 제출할 수 없는 사정이 있는 경우에는 신청 대상이 되는 상병과 치료기간 등이 명시된 진단(소견)서를 첨부하여 신청해야 한다.

★ 사업주의 행방불명, 그 밖의 부득이한 사유로 위의 증명이 불가능하면 그 증명을 생략할 수 있다.

보험급여 결정에 대한 불복방법

■ 심사 청구 제기

★ 다음의 어느 하나에 해당하는 근로복지공단의 결정 등(이하 "보험급여 결정 등"이라 함)에 불복하는 자는 근로복지공단에 심사청구를 할 수 있다.
- 보험급여에 관한 결정
- 진료비에 관한 결정
- 약제비에 관한 결정
- 진료계획 변경 조치 등
- 보험급여의 일시지급에 관한 결정
- 합병증 등 예방관리에 관한 조치
- 부당이득의 징수에 관한 결정
- 수급권의 대위에 관한 결정

■ 심사 청구 방법

★ 심사 청구는 그 보험급여 결정 등을 한 근로복지공단의 분사무소(이하, "지역본부 또는 지사"라 함)를 거쳐 근로복지공단에 제기해야 한다.

★ 심사 청구는 다음의 사항을 적은 문서(이하 "심사 청구서"라 함)로 해야 한다.
- 심사 청구인의 이름 및 주소(심사 청구인이 법인인 경우에는 그 명칭·소재지 및 대표자의 이름)

- 보험급여 결정 또는 조치 등의 내용(이하 "보험급여 결정 등"
  이라 함)
- 보험급여 결정 등이 있음을 안 날
- 심사 청구의 취지 및 이유
- 심사 청구에 관한 고지의 유무 및 고지의 내용
★ 심사 청구인이 재해를 입은 근로자가 아닌 경우(위의 진료비에
  대한 결정 및 약제비에 대한 결정에 대한 심사 청구의 경우는
  제외함)에는 심사 청구서에 위의 기재 사항 외에 다음의 사항을
  적어야 한다.
  - 재해를 입은 근로자의 이름
  - 재해를 입은 근로자의 재해 당시 소속 사업의 명칭 및 소재지
★ 심사 청구를 선정대표자 또는 대리인이 제기하는 경우 위의 각
  기재 사항 외에 선정대표자 또는 대리인의 이름과 주소를 심사
  청구서에 적어야 한다.
★ 심사 청구서에는 심사 청구인 또는 대리인이 서명하거나 날인해
  야 한다.

■ **심사 청구 기간**
심사 청구는 보험급여 결정 등이 있음을 안 날부터 90일 이내에 해
야 한다.

■ **심사 청구에 대한 보정 요구 및 각하**
★ 근로복지공단은 심사 청구가 심사 청구기간을 지나 제기되었거나 법
  령의 방식을 위반하여 보정(補正)할 수 없는 경우 또는 근로복지공단
  이 정한 보정 기간에 보정하지 않은 경우에는 각하결정을 해야 한다.

★ 심사 청구가 법령의 방식을 위반한 것이라도 보정할 수 있는 경우에는 근로복지공단은 상당한 기간을 정하여 심사 청구인에게 보정할 것을 요구할 수 있다. 다만, 보정할 사항이 경미한 경우에는 근로복지공단이 직권으로 보정할 수 있다.

■ 심리 기간 및 절차

근로복지공단은 보험급여 결정 등에 대한 심사 청구서를 받은 날부터 60일 이내에 산업재해보상보험심사위원회의 심의를 거쳐 심사 청구에 대한 결정을 해야 한다. 다만, 부득이한 사유로 그 기간 이내에 결정을 할 수 없으면 한 차례만 20일을 넘지 않는 범위에서 그 기간을 연장할 수 있다.

■ 재심사 청구 기간

재심사 청구는 심사 청구에 대한 결정이 있음을 안 날부터 90일 이내에 제기해야 한다. 다만, 업무상질병판정위원회의 심의를 거친 보험급여에 관한 결정에 불복하는 자가 심사 청구를 거치지 않고 재심사 청구를 하는 경우에는 보험급여에 관한 결정이 있음을 안 날부터 90일 이내에 제기해야 한다.

▼ 국가배상에 대한 생활법률 ▼

"국가배상"이란 공무원 또는 공무를 위탁받은 사인이 직무를 집행하면서 고의 또는 과실로 법령을 위반하여 타인의 권리가 침해된 경우에 국가 또는 공공단체가 그 배상책임을 지는 것을 말한다.

국가배상 청구의 의의

■ 국가배상의 개념

"국가배상"이란 공무원 또는 공무를 위탁받은 사인이 직무를 집행하면서 고의 또는 과실로 법령을 위반하여 타인의 권리가 침해된 경우에 국가 또는 공공단체가 그 배상책임을 지는 것을 말한다.

■ 국가배상청구의 제한

군인·군무원·경찰공무원 또는 예비군대원이 전투·훈련 등 직무 집행과 관련하여 전사(戰死)·순직(殉職)하거나 공상(公傷)을 입은 경우에 본인이나 그 유족이 다른 법령에 따라 재해보상금·유족연금·상이연금 등의 보상을 지급받을 수 있을 때에는 국가배상법 및 민법에 따른 손해배상을 청구할 수 없다.

■ 외국인의 배상 제한

외국인이 피해자인 경우에는 해당 국가와 상호 보증이 있을 때에만 국가배상법이 적용된다.

배상 기준

■ 사망한 경우

★ 공무원의 직무상 불법행위로 타인이 사망한 경우(타인의 신체에 해를 입혀 그로 인하여 사망한 경우를 포함) 피해자의 상속인(이하 '유족'이라 함)에게 다음 기준에 따라 배상한다.

- 사망 당시(신체에 해를 입고 그로 인하여 사망한 경우에는 신체에 해를 입은 당시를 말함)의 월급액이나 월실수입액(月實收入額) 또는 평균임금에 장래의 취업가능기간을 곱한 금액의 유족배상(遺族賠償).

※ 월급액이나 월실수입액 또는 평균임금은 피해자의 주소지를 관할하는 세무서장 또는 시장·군수·구청장(자치구의 구청장을 말함)과 피해자의 근무처의 장의 증명이나 그 밖의 공신력 있는 증명에 의하고, 이를 증명할 수 없을 때에는 다음의 기준에 따른다.

▶ 평균임금은 매년 주기적으로 임금통계를 공표하는 공신력 있는 임금조사기관이 조사한 보통 인부의 일용노동임금에 따른다.

※ "취업가능 기간"이란 피해자의 연령, 직업, 경력, 건강상태 등 주관적 요소와 국민의 평균여명, 경제수준, 고용조건 등 사회적·경제적 여건 등을 고려하되, 피해자가 남자인 경우에는 사고 당시 병역법상 군복무기간, 피해자의 군복무 가능성, 복무기간 조정 가능성 등을 종합적으로 참작한 기간을 말한다.

- 평균임금(임금통계를 남자 또는 여자로 구분하여 공표하는 경우에는 남자 평균임금으로 함)의 100일분에 해당하는 장례비

- 「국가배상법 시행령」 별표 4에 따른 위자료

■ 상해를 입은 경우

★ 공무원의 직무상 불법행위로 타인에게 상해를 입힌 경우 피해자에게 다음 기준에 따라 배상한다.
 - 필요한 요양을 하거나 이를 대신할 요양비
 - 요양으로 인하여 월급액이나 월실수입액 또는 평균임금의 수입에 손실이 있는 경우에는 요양기간 중 그 손실액의 휴업배상(休業賠償)
 - 피해자가 완치 후 신체에 장해(障害)가 있는 경우에는 그 장해로 인한 노동력 상실 정도에 따라 피해를 입은 당시의 월급액이나 월실수입액 또는 평균임금에 장래의 취업가능기간을 곱한 금액의 장해배상(障害賠償)

★ 다음 기준에 해당하는 위자료
 - 신체의 장해가 없는 경우 타당하다고 인정되는 요양기간에 대해 1일에 2만원
 - 명예를 침해당하거나 그 밖에 정신상의 고통을 받은 사람은 사망 또는 상해의 위자료가 지급되지 않는 경우에 한해 1천만원을 초과하지 않는 범위에서 상당하다고 인정되는 금액

★ 피해자가 완치 후에도 신체에 장해가 있어 다른 사람의 보호없이는 활동이 어려운 것으로 인정되는 경우에는 여자 보통인부의 일용노동임금을 기준으로 하여 피해자의 기대여명 기간의 범위에서 개호비를 지급한다.

■ **배상액 공제**

★ 국가배상을 청구할 수 있는 피해자가 손해를 입은 동시에 이익을 얻은 경우에는 손해배상액에서 그 이익에 상당하는 금액을 **뺀다**.

★ 유족배상액을 산정할 때에는 월급액이나 월실수액 또는 평균임금에서 다음 기준에 따른 생활비를 공제한다.
  - 부양가족이 없는 자: 35%
  - 부양가족이 있는 자: 30%

★ 유족배상과 장해배상 및 장래에 필요한 요양비 등을 한꺼번에 신청하는 경우에는 법정이율에 의한 단할인법인 호프만방식에 따라 중간이자를 **뺀다**.

배상방법

■ 배상심의회에 배상 신청

배상금의 지급을 받고자 하는 사람은 그 사람의 주소지·소재지 또는 배상원인 발생지를 관할하는 지구심의회에 배상신청을 해야 한다.

■ 법원에 국가배상청구소송 제기

★ 국가배상법에 따른 손해배상의 소송은 배상심의회에 배상신청을 하지 않고도 제기할 수 있으므로, 당사자는 곧바로 법원에 국가배상청구 소송을 제기할 수 있다.

★ 국가를 상대로 하는 손해배상청구소송도 일반 손해배상청구소송과 동일한 절차로 진행된다. 따라서 국가배상을 민사법원에서 관할하는 우리의 현행법 현실에서는 일반 민사사건과 마찬가지의 절차로 진행된다.

■ 배상결정 후 지급 청구

배상결정을 받은 신청인은 지체 없이 그 결정에 대한 동의서를 첨부하여 국가나 지방자치단체에 배상금 지급을 청구해야 하며, 배상결정을 받은 신청인이 배상금 지급을 청구하지 않은 경우에는 그 결정에 동의하지 않은 것으로 본다.

■ 국가배상청구권의 소멸시효

★ 국가배상청구권은 피해자나 그 법정대리인이 손해 및 가해자를 안 날부터 3년, 불법행위가 있은 날부터 5년이 지나면 시효로 인해 소멸한다.

★ 하지만 미성년자가 성폭력, 성추행, 성희롱, 그 밖의 성적(性的) 침해를 당한 경우에는 주변인들이 가해자인 경우가 많아 대리인을 통한 권한 행사가 어려운 상황이 있을 수 있다는 점을 감안하여 미성년자인 피해자가 성년이 될 때까지 손해배상청구권의 소멸시효가 진행되지 않는다.

▼형사보상 청구에 대한 생활법률▼

"형사보상"이란 형사사법 당국의 과오(過誤)로 죄인의 누명을 쓰고 구속되었거나 형의 집행을 받은 사람에 대해 국가가 그 손해를 보상해 주는 제도를 말하며, 이는 헌법상 보장된 권리이다.

형사보상의 요건

■ **보상의 요건**

★ 형사소송법에 따른 다음 어느 하나에 해당하는 절차에서 무죄 재판을 받아 확정된 사건의 피고인이 미결구금(未決拘禁)이나 구금을 당했을 때에는 국가에 대해 그 구금에 대한 보상을 청구할 수 있다.
  - 일반절차
  - 재심절차
  - 비상상고절차 : 판결이 확정된 후 그 사건의 심판이 법령에 위반한 것을 발견한 때 대법원에 제소하는 절차를 말한다.
  - 상소권 회복에 따른 상소절차

★ 다음의 경우에는 무죄 재판을 받지 않았더라도 국가의 구금에 대한 보상을 청구할 수 있다.
  - 형사소송법에 따라 면소(免訴) 또는 공소기각(公訴棄却)의 재판을 받아 확정된 피고인이 면소 또는 공소기각의 재판을 할 만한 사유가 없었더라면 무죄재판을 받을 만한 현저한 사유가 있었을 경우
  - 치료감호 등에 관한 법률 제7조에 따라 치료감호의 독립 청구를 받은 피치료감호청구인의 치료감호사건이 범죄로 되지 않거나 범죄 사실의 증명이 없는 때에 해당되어 청구기각의 판결을 받아 확정된 경우

■ **보상하지 않을 수 있는 경우**

★ 다음 어느 하나에 해당하는 경우에는 법원은 재량으로 보상을 하지 않거나 보상금액을 일부 감액할 수 있다.

- 형사미성년자라는 이유로 무죄 판결을 받은 경우
- 심신장애로 사물을 변별할 능력이 없거나 의사를 결정할 능력이 없다는 이유로 무죄판결을 받은 경우
- 본인이 수사 또는 심판을 그르칠 목적으로 허위의 자백을 하거나 다른 유죄의 증거를 만듦으로써 기소, 미결구금 또는 유죄재판을 받게 된 것으로 인정된 경우
- 경합범의 일부에 대해서 유죄 판결을 받은 경우

형사보상 금액의 결정

■ 형사보상 금액의 결정

★ 형사보상은 구금일수에 따라 지급된다. 보상금은 구금일수 1일당 보상청구의 원인이 발생한 연도의 최저임금법에 따른 최저임금액 이상, 구금 당시의 최저임금액의 5배 이하의 비율에 의한 금액이다.

★ 법원은 보상금액을 산정할 때 다음의 사항을 고려해야 한다.
   - 구금의 종류 및 기간의 장단
   - 구금기간 중에 입은 재산상의 손실과 얻을 수 있었던 이익의 상실 또는 정신적 고통과 신체 손상
   - 경찰·검찰·법원 각 기관의 고의 또는 과실 유무
   - 무죄재판의 실질적 이유가 된 사정
   - 그 밖에 보상금액 산정과 관련되는 모든 사정

■ **보상내용**

★ 구금(노역장 유치도 해당), 형집행(사형, 벌금, 과료, 몰수, 추징)에 대한 보상

★ 구금, 노역장 유치 : 그 구금 일수에 따라 1일당 보상청구의 원인이 발생한 연도의 최저임금법에 따른 일급(日給) 최저임금액 이상의 금액(1일당 보상청구의 원인이 발생한 해의 최저임금법에 따른 일급(日給) 최저임금액의 5배) 이하의 비율에 의한 보상

★ 사형 : 집행 전 구금에 대한 보상금 외에 3천만원 이내에서 모든 사정을 고려하여 법원이 타당하다고 인정하는 금액을 더하여 보상

★ 벌금, 과료 : 이미 징수한 벌금 또는 과료의 금액에 징수일의 다음 날부터 보상 결정일까지의 일수에 대하여 민법 제379조의 법정이율을 적용하여 계산한 금액을 더한 금액을 보상

★ 몰수 : 그 몰수물을 반환하고, 그것이 이미 처분되었을 때에는 보상결정 시의 시가(時價)를 보상

★ 추징금 : 그 액수에 징수일의 다음 날부터 보상 결정일까지의 일수에 대하여 민법 제379조의 법정이율을 적용하여 계산한 금액을 더한 금액을 보상

형사보상의 청구

■ **청구권자**

★ 형사보상의 청구권자는 무죄 판결을 받은 사람 본인이다.

★ 청구권자인 본인이 무죄 판결을 받은 후 보상청구 전에 사망한 때에는 그 상속인이 청구권자가 된다.

★ 한편, 이미 사망한 사람에 대해 재심 또는 비상상고로 무죄 판결을 받은 경우에는 보상의 청구에 대해 사망한 때에 무죄 판결이 있었던 것으로 보기 때문에 사망 당시의 상속인이 형사보상의 청구권자가 된다.

■ **청구방법**

★ 관할법원 : 무죄 판결을 한 법원

★ 청구기간 : 무죄재판이 확정된 사실을 안 날부터 3년, 무죄재판이 확정된 때부터 5년 이내

★ 제출서류
   - 보상청구서 : 청구자의 등록기준지, 주소, 성명, 생년월일 및 청구의 원인이 된 사실과 청구액을 적어야 한다.
   - 무죄 재판서의 등본
   - 무죄 재판의 확정증명서
   - 본인과의 관계와 같은 순위의 상속인의 유무를 소명할 수 있는 자료(상속인이 보상을 청구하는 경우)

★ 형사보상 청구는 대리인을 통해서도 할 수 있다.

■ 형사보상금 지급 청구

★ 형사보상금의 지급을 청구하려는 사람은 보상결정이 송달된 후 2년 이내에 보상의 지급을 결정한 법원에 대응하는 검찰청에 ① 보상 지급청구서와 ② 법원의 보상결정서를 제출해야 한다.

★ 보상금을 받을 수 있는 사람이 여러 명인 경우, 그 중 1명이 한 보상금 지급청구는 모두를 위해 전부에 대하여 보상금 지급청구 를 한 것으로 본다.

[서식 예] 형사보상금 청구서

형 사 보 상 금 청 구

청 구 인　　○　○　○
　　　　　　19○○년 ○월 ○일생 (주민등록번호　　　　　)
　　　　　　등록기준지 : ○○시 ○○구 ○○길 ○○번지
　　　　　　주거 : ○○시 ○○구 ○○길 ○○번지

청 구 취 지

청구인에게 금 ○○○원을 지급하라.
라는 결정을 구합니다.

청 구 원 인

1. 청구인은 20○○년 ○월 ○일 위증 피의사건으로 구속되어 같 은 달 ○일 ○○지방법원 ○○지원에 기소되어, 20○○년 ○월

○일 동원에서 징역 ○월 처한다는 선고를 받고 불복하여 항소심 공판 도중 구속만기로 20○○년 ○월 ○일 석방되고, 20○○년 ○월 ○일 ○○지방법원에서 무죄의 판결을 선고받았으며, 이에 대한 검사의 상고가 있었으나 대법원에서 20○○년 ○월 ○일 동 상고가 기각됨으로써 위 무죄판결은 확정되었습니다.

2. 그러므로 청구인은 형사보상법에 의하여 청구인이 20○○년 ○월 ○구속되어 20○○년 ○월 ○일 석방됨으로써 ○○일 동안 구금되어 그 구금에 관한 보상을 청구할 수 있다 할 것이므로, 위 보상 금원에 대하여 보건대 청구인이 구금되기 전 중견기업체의 사원으로서 정상적인 사회생활을 하고 있었으며, 이와 같이 구금당함으로 인한 막대한 재산상 손해는 물론 그 정신적 피해는 이루 말할 수 없다 할 것이므로, 동 법 소정의 보상금액의 범위내인 1일 금 ○○○원(20○○년 상반기 1일 도시 보통 인부 노임단가)의 비율에 따라 산정하면 금 ○○○(○○일×○○○원)이 되므로 청구취지와 같이 본 건 청구를 하는 바입니다.

첨 부 서 류

1. 판결등본   2통
2. 확정증명서   1통
3. 주민등록등본   1통

20○○.   ○.   ○.
청구인   ○   ○   ○ (인)

○ ○ 지 방 법 원 귀 중

무죄재판서 게재의 청구

■ 무죄재판서 게재의 청구

★ 형사소송 절차에서 무죄재판 등을 받은 사람은 실질적 명예회복을 위해 무죄재판서 게재를 청구할 수 있다.

★ 무죄재판을 받아 확정된 사건의 피고인은 무죄재판이 확정된 때부터 3년 이내에 확정된 무죄재판사건의 재판서를 법무부 인터넷 홈페이지에 게재하도록 해당 사건을 기소한 검사가 소속된 지방검찰청(지방검찰청지청을 포함)에 청구할 수 있다.

★ 다음의 경우에 해당하는 사람도 확정된 사건의 재판서를 게재하도록 청구할 수 있다.

- 형사소송법에 따라 면소(免訴) 또는 공소기각(公訴棄却)의 재판을 받아 확정된 피고인이 면소 또는 공소기각의 재판을 할 만한 사유가 없었더라면 무죄재판을 받을 만한 현저한 사유가 있었을 경우

- 치료감호법 제7조에 따라 치료감호의 독립 청구를 받은 피치료감호청구인의 치료감호사건이 범죄로 되지 않거나 범죄사실의 증명이 없는 때에 해당되어 청구기각의 판결을 받아 확정된 경우

■ 청구방법

★ 제출서류

- 무죄재판서 게재 청구서
- 재판서의 등본
- 무죄 재판의 확정증명서

★ 상속인이 게재를 청구하는 경우에는 본인과의 관계와 같은 순위의 상속인의 유무를 소명할 수 있는 자료를 제출해야 하며, 같은 순위의 상속인이 여러 명일 때에는 상속인 모두가 무죄재판서 게재 청구에 동의하였음을 소명하는 자료도 제출해야 한다.

★ 상속인에 의한 청구 및 그에 대한 소명, 대리인에 의한 청구, 청구의 취소 등에 대해서는 형사보상의 청구에 관한 규정을 준용한다.

■ **청구에 대한 조치**

★ 청구를 받은 날부터 1개월 이내에 무죄재판서를 법무부 인터넷 홈페이지에 게재해야 한다.

★ 무죄재판서를 법무부 인터넷 홈페이지에 게재한 경우 지체 없이 그 사실을 청구인에게 서면으로 통지해야 한다.

★ 다음 어느 하나에 해당하는 경우 무죄재판서의 일부를 삭제하여 게재할 수 있다.

  - 청구인이 무죄재판서 중 일부 내용의 삭제를 원하는 의사를 명시적으로 밝힌 경우
  - 무죄재판서의 공개로 인해 사건 관계인의 명예나 사생활의 비밀 또는 생명·신체의 안전이나 생활의 평온을 현저히 해칠 우려가 있는 경우

★ 무죄재판서의 게재 기간은 1년이다.

▼층간소음에 대한 생활법률▼

"층간소음"이란 공동주택에서 뛰거나 걷는 동작에서 발생하는 소음이나 음향기기를 사용하는 등의 활동에서 발생하는 소음 등[벽간소음 등 인접한 세대 간의 소음(대각선에 위치한 세대 간의 소음 포함)을 포함]을 말한다.

층간소음 범위 및 기준

■ "층간소음"이란?

"층간소음"이란 공동주택에서 뛰거나 걷는 동작에서 발생하는 소음이나 음향기기를 사용하는 등의 활동에서 발생하는 소음 등[벽간소음 등 인접한 세대 간의 소음(대각선에 위치한 세대 간의 소음 포함)을 포함]을 말한다.

■ 층간소음의 범위

공동주택 층간소음의 범위는 입주자 또는 사용자의 활동으로 발생하는 소음으로서 다른 입주자 또는 사용자에게 피해를 주는 다음의 소음으로 한다.

- 직접충격 소음 : 뛰거나 걷는 동작 등으로 인해 발생하는 소음
- 공기전달 소음 : 텔레비전, 음향기기 등의 사용으로 인해 발생하는 소음

■ 층간소음의 기준

공동주택의 입주자 및 사용자는 공동주택에서 발생하는 층간소음을 다음의 기준 이하가 되도록 노력해야 한다.

층간소음의 구분		층간소음의 기준[단위: dB(A)]	
		주간 (06:00 ~ 22:00)	야간 (22:00 ~ 06:00)
직접충격 소음	1분간 등가소음도 (Leq)	43	38
	최고소음도(Lmax)	57	52
공기전달 소음	5분간 등가소음도 (Leq)	45	40

※ 1분간 및 5분간 등가소음도는 측정한 값 중 가장 높은 값으로 하며, 최고소음도는 1시간에 3회 이상 초과할 경우 그 기준을 초과한 것으로 본다.

■ **입주자·사용자의 주의**

공동주택의 입주자·사용자는 공동주택에서 층간소음으로 인해 다른 입주자·사용자에게 피해를 주지 않도록 노력해야 한다.

층간소음 발생 시 조치

■ 관리주체의 조치 등

★ 층간소음으로 피해를 입은 입주자·사용자는 관리주체에게 층간소음 발생 사실을 알리고, 관리주체가 층간소음 피해를 끼친 해당 입주자·사용자에게 층간소음 발생을 중단하거나 소음차단 조치를 권고하도록 요청할 수 있다.

★ 이 경우 관리주체는 사실관계 확인을 위해 세대 내 확인 등 필요한 조사를 할 수 있다.

★ 층간소음 피해를 끼친 입주자·사용자는 위에 따른 관리주체의 조치 및 권고에 협조해야 한다.

  ※ "관리주체"란 공동주택을 관리하는 다음의 자를 말한다.

    - 자치관리기구의 대표자인 공동주택의 관리사무소장
    - 공동주택관리법 제13조제1항에 따라 관리업무를 인계하기 전의 사업주체
    - 주택관리업자
    - 임대사업자
    - 주택임대관리업자(시설물 유지·보수·개량 및 그 밖의 주택관리 업무를 수행하는 경우에 한정)

■ 분쟁조정 신청

★ 위에 따른 관리주체의 조치에도 불구하고 층간소음 발생이 계속될 경우에는 층간소음 피해를 입은 입주자·사용자는 공동주택관리 분

쟁조정위원회나 환경분쟁조정위원회에 조정을 신청할 수 있다.

★ 분쟁조정위원회 외에도 한국환경공단에서 운영하는 "층간소음 이웃사이센터"의 상담 또는 현장진단 서비스를 통해 층간소음 갈등 해결의 도움을 받을 수 있다.

   - 인터넷 신청: 국가소음정보시스템(https://www.noiseinfo.or.kr)-층간소음 이웃사이센터-상담신청

   - 전화 신청: ☎ 1661-2642

■ 소유권방해제거 또는 손해배상 청구

층간소음 행위가 사회통념상 수인한도를 넘은 경우에는 소유권 방해의 제거를 청구하거나 손해배상을 청구할 수 있다.

[서식 예] 손해배상(기)청구의 소(안면방해)

<table>
<tr><td colspan="2" align="center">소　　　　장</td></tr>
<tr><td>원　　고</td><td>○○○ (주민등록번호)
○○시 ○○구 ○○길 ○○(우편번호 ○○○○○)
전화.휴대폰번호:
팩스번호, 전자우편(e-mail)주소:</td></tr>
<tr><td>피　　고</td><td>◇◇◇ (주민등록번호)
○○시 ○○구 ○○길 ○○(우편번호 ○○○○○)
전화.휴대폰번호:
팩스번호, 전자우편(e-mail)주소:</td></tr>
</table>

손해배상(기)청구의 소

<h2 style="text-align:center">청 구 취 지</h2>

1. 피고는 원고에게 금 ○○○원 및 이에 대한 20○○. ○. ○○.부터 이 사건 소장부본 송달일까지는 연 5%의, 그 다음날부터 다 갚는 날까지는 연 12%의 각 비율에 의한 돈을 지급하라.
2. 소송비용은 피고의 부담으로 한다.
3. 위 제1항은 가집행 할 수 있다.
라는 판결을 원합니다.

<h2 style="text-align:center">청 구 원 인</h2>

1. 당사자들의 지위
   ○○시 ○○구 ○○길 ○○ 소재 지상 7층의 주상복합건물은 소외 ◉◉◉의 소유건물이고, 원고는 소외 ◉◉◉로부터 위 건물의 4층 부분을 임차하여 주거로 사용하고 있으며, 피고는 위 건물의 2층 내지 3층 부분을 소외 ◉◉◉로부터 임차하여 볼링장을 운영하고 있는 사람입니다.
2. 손해배상책임의 발생
   가. 원고는 20○○. ○. ○. 소외 ◉◉◉로부터 위 임차건물에 대하여 임차보증금은 1억원, 임차기간은 20○○. ○. ○.부터 20○○. ○○. ○○.까지로 정하여 임차하는 계약을 체결한 뒤 주거로 사용하여 오고 있으며, 피고는 원고가 위 건물을 임차하기로 계약한 후인 20○○. ○. ○○. 소외 ◉◉◉으로부터 위 건물의 2층 내지 3층 부분을 임차하여, 관할구청으로부터 영업허가를 받고 "◉◉볼링센타"라는 상호로 볼링장

을 개설하여 그 때부터 볼링장을 운영하여 오고 있습니다.

나. 원고가 임차한 위 건물은 주상복합건물로서, 피고는 피고가 임차한 이 건물의 2층에 12개의 레인 및 기계실, 사무실을 그리고 3층에는 같은 12개의 레인 및 기계실, 휴게실을 설치하고, 10:00경부터 다음날 02:00경까지 볼링장영업을 하여오고 있고, 원고는 위 4층의 임차건물을 주거로 사용하고 있는데 원고가 거주하고 있는 임차건물의 바로 아래층에 소재한 피고가 경영하는 볼링장은 소음 및 진동방지시설이 전혀 되어 있지 않아 주간은 물론이고 특히 저녁 및 심야의 경우에는 거의 매일 계속적, 반복적으로 위 볼링장의 볼링공이 낙하할 때, 굴러갈 때 및 핀을 충격할 때 발생하는 소음 및 진동이 그대로 원고가 운영하는 임차건물에 전달되며, 위와 같은 충격 소음은 타격, 파괴, 폭발 및 파열 등에 의하여 지속 시간이 극히 짧은 단속적인 음으로서 지속적으로 인하여 발생하는 소음 및 진동에 비하여 사람의 신경에 더 많은 민감한 영향을 미치며 이로 인하여 원고는 물론이고 원고의 가족들은 정서적인 안정 및 수면 등을 제대로 취할 수 없는 상황이 위 볼링장을 개설한 이후로 지금까지 지속되어 오고 있습니다.

다. 위와 같은 사실에 의하면, 야간 및 심야를 주영업 시간대로 하여 원고 임차건물의 아래층에서 계속적, 반복적으로 볼링장 영업을 하는 피고로서는, 그보다 먼저 위층을 주거로 사용하고 있는 원고의 안온을 방해하지 아니하도록 소음 및 진동방지시설을 제대로 설치하여야 할 주의의무가 있음에도 불구하고 이를 게을리 한 과실로 그 소음 및 진동이 원고의 주거에 그대로 전달되게 하여 계속적, 반복적으로 원고의 정서적 안정을 해하고 숙면을 방해하는 등 정신적 고통을 가하였는바, 피고의 이러한 행위는 사회통념상 원고가 수인하여야 할 한도를 넘어선 것으로서 불법행위를 구성한다 할 것이므로, 피고는 이로 인하여 원고가 입은 손해를 배상할 책임이 있다 할 것입니다.

3. 손해배상의 범위

그렇다면 피고는 위에서와 같은 원고의 정신적 고통에 대하여 금전으로나마 위자를 하여야 할 것이며, 그 금액은 위 임차건물의 용도 및 위치, 소음 및 진동배출의 정도, 피침해이익의 성질 및 피해회피가능성, 위 건물이용의 선후관계 등 제반 사정을 종합하여 볼 때 최소한 금 ○○○원은 되어야 할 것입니다.

4. 결론

따라서 원고는 피고로부터 금 ○○○원 및 이에 대한 20○○. ○. ○○.부터 이 사건 소장부본 송달일까지는 민법에서 정한 연 5%의, 그 다음날부터 다 갚는 날까지는 소송촉진등에관한특례법에서 정한 연 12%의 비율에 의한 지연손해금을 지급받기 위하여 이 사건 청구에 이른 것입니다.

증 명 방 법

1. 갑 제1호증　　　　　　　　임대차계약서
1. 갑 제2호증　　　　　　　　통고서
1. 갑 제3호증　　　　　　　　소음측정결과보고서

첨 부 서 류

1. 위 증명방법　　　　　　　　각 1통
1. 소장부본　　　　　　　　　　1통

1. 송달료납부서   1통

                    20○○.   ○.   ○.
              위 원고   ○○○ (서명 또는 날인)

○○지방법원 귀중

층간소음 발생 시 제재

■ 경범죄 처벌

층간소음 피해를 끼친 입주자·사용자는 인근소란죄로 범칙금 처벌을
받을 수 있다.

■ 스토킹 범죄 처벌

이웃을 괴롭히기 위해 지속적으로 층간소음을 내거나 연락을 하는
행위, 현관문에 쪽지를 남기는 행위 등을 하여 상대방에게 불안감 또
는 공포심을 일으키는 경우에는 스토킹범죄로 처벌을 받을 수 있다.

◨ 편저 김 용 한 ◨
▎전 각급 법원 민사가사형사 참여사무관
▎전 서울고등법원 종합민원접수실장
▎전 서울중앙지방법원 민사신청과장(법원서기관)
▎전 서울가정법원 가사과장
▎전 인천가정법원 본원 집행관
▎전 서울 지방법원 민사조정위원

일상생활에서 꼭 알아두어야 할 생활법률

2025년 1월 5일   3판 인쇄
2025년 1월 10일   3판 발행

편 저   김용한
발행인   김현호
발행처   법문북스
공급처   법률미디어

주소   서울 구로구 경인로 54길4(구로동 636-62)
전화   02)2636-2911~2, 팩스 02)2636-3012
홈페이지   www.lawb.co.kr

등록일자   1979년 8월 27일
등록번호   제5-22호

ISBN   979-11-92369-48-8(13360)

정가   24,000원

▎역자와의 협약으로 인지는 생략합니다.
▎파본은 교환해 드립니다.
▎이 책의 내용을 무단으로 전재 또는 복제할 경우 저작권법 제136조에 의해 5년 이하의 징역 또
  는 5,000만원 이하의 벌금에 처하거나 이를 병과할 수 있습니다.

법률서적 명리학서적 외국어서적 서예·한방서적 등
최고의 인터넷 서점으로
각종 명품서적만을 제공합니다

각종 명품서적과 신간서적도 보시고

법률·한방·서예 등 정보도

얻으실 수 있는

핵심법률서적 종합 사이트
www.lawb.co.kr
(모든 신간서적 특별공급)

facebook.com/bummun3011
instagram.com/bummun3011
blog.naver.com/bubmunk

대표전화 (02) 2636 - 2911